AF432005

1939-1945
WORLD WAR TWO

AUTORE

Carlo Cucut è nato a Nole (TO) nel 1955. Ha coltivato la passione per la storia sin da ragazzo e negli anni ha approfondito questo interesse dedicandosi alla ricerca storica. Ha pubblicato articoli sulle riviste: "Storia del XX Secolo", "Storie & Battaglie", "Milites" e "Ritterkreuz". In campo editoriale ha pubblicato vari volumi per Marvia Edizioni: "Penne Nere sul confine orientale. Storia del Reggimento Alpini "Tagliamento" 1943-1945", vincitore del Premio De Cia; "Attilio Viziano. Ricordi di un corrispondente di guerra"; "Forze Armate della RSI sul fronte orientale"; "Forze Armate della RSI sul fronte occidentale"; "Forze Armate della RSI sulla linea Gotica"; "Alpini nella Città di Fiume 1944-1945". Per il Gruppo Modellistico Trentino ha pubblicato "Le forze armate della RSI 1943-1945. Forze di terra".

Titolo: **TRENI BLINDATI DELLE REPUBBLICHE BALTICHE** Code.: **WTW-036 IT** Di Carlo Cucut
ISBN code: 978-88-93278683 prima edizione giugno 2022
Lingua: Italiano Nr. di immagini: 131 dimensione: 177,8x254mm Cover & Art Design: Luca S. Cristini

WITNESS TO WAR (SOLDIERSHOP) is a trademark of Luca Cristini Editore, via Orio, 35/4 - 24050 Zanica (BG) ITALY.

WITNESS TO WAR

TRENI BLINDATI DELLE REPUBBLICHE BALTICHE
DALL'INDIPENDENZA ALL'OCCUPAZIONE SOVIETICA: 1918-1940

PHOTOS & IMAGES FROM WORLD WARTIME ARCHIVES

CARLO CUCUT

INDICE

L'INDIPENDENZA DEI PAESI BALTICI

A tre anni dall'inizio della Prima Guerra Mondiale, l'Impero Russo nel 1917 stava vivendo uno dei momenti più drammatici della sua storia. Le numerose sconfitte sui campi di battaglia, che avevano portato alla perdita della Polonia, dell'Ucraina e di parte dei paesi baltici, la grave crisi interna con la popolazione stremata, il crescente seguito dei movimenti marxisti e la violenta soppressione dei moti di piazza, furono i prodromi della Rivoluzione d'ottobre, culminata con la caduta dello Zar, la fine dell'Impero Russo e la nascita della Repubblica Socialista Federativa Sovietica Russa (RSFSR).

I movimenti indipendentisti estone, lettone e lituano, colsero l'occasione dello scoppio della Rivoluzione russa per rivendicare la propria identità nazionale, dichiarando l'indipendenza nel corso del 1918.

La Lituania dichiarò la propria indipendenza il 16 febbraio 1918 ma a novembre venne invasa dall'Armata Rossa. Dopo una sanguinosa guerra, il 12 luglio 1920 venne firmato il trattato di pace fra la Lituania e la RSFSR Nell'autunno del 1920 scoppiò una breve guerra fra la Lituania e la Polonia per il controllo della città di Vilnius e dell'area circostante, che vide la vittoria della Polonia. Nel gennaio del 1923 la Lituania occupò la città tedesca di Memel (Klaipéda), conquistando così l'unico accesso al mar Baltico della nazione.

L'Estonia dichiarò la propria indipendenza il 24 febbraio 1918, nonostante fosse occupata dalle truppe tedesche fin dall'ottobre 1917. A seguito della pace di Brest-Litovsk del 3 marzo 1918, che sancì la fine della guerra fra l'Impero tedesco e la RSFSR, le truppe tedesche abbandonarono l'Estonia, che venne rioccupata dalle truppe bolsceviche dell'Armato Rossa. Iniziò quindi una cruenta guerra di indipendenza tra gli estoni e i russi che si concluse solo con la firma del trattato di pace di Tartu del 2 febbraio 1920.

La Lettonia proclamò la sua indipendenza il 18 novembre 1918 e, pochi giorni dopo, venne invasa dalle truppe dell'Armata Rossa che occuparono gran parte del territorio, compreso la capitale Riga nel gennaio 1919. Grazie all'accordo stipulato con la Germania, arrivarono volontari e armi che consentirono la costituzione di reparti in grado di contrastare l'avanzata russa. Partendo dall'area di Liepaja, l'unica rimasta in mano al governo lettone, le truppe lettoni e gli alleati tedeschi riconquistarono, nella primavera del 1919, Riga e la Lettonia meridionale. Con l'aiuto delle truppe estoni venne poi riconquistata la Lettonia settentrionale e, nel gennaio 1920, l'Armata Rossa venne definitivamente scacciata dal territorio orientale. Il 1° febbraio 1920 venne firmato un armistizio tra la Lettonia e la RSFSR, seguito dal trattato di Riga dell'11 agosto 1920 con il quale veniva sancita la totale indipendenza della Repubblica della Lettonia.

Il dato comune a tutte e tre i conflitti, seguiti alla dichiarazione di indipendenza delle tre Repubbliche Baltiche, fu la carenza di armi, leggere e pesanti, mezzi blindati e corazzati, autoveicoli e autocarri, che interessarono i neonati eserciti. Un notevole contributo, operativo, logistico e strategico, venne invece dall'utilizzo delle ferrovie, con linee ferroviarie, e materiale rotabile, molto sviluppate in tutte e tre le Repubbliche. Fu proprio grazie a questa disponibilità, oltre alla ingegnosità e alla capacità delle maestranze impiegate, che in breve tempo furono allestiti numerosi treni blindati adatti a tutti i tipi di scartamento presente[1], consentendo a questi mezzi improvvisati di risultare determinanti in numerosi scontri con il nemico.

---

1 Lo scartamento ferroviario è la distanza misurata all'interno delle due rotaie di un binario ferroviario, lo scartamento normale o standard, diffuso in quasi il 60% delle ferrovie a livello mondiale, ad esempio in Europa, Cina, Stati Uniti d'America e Messico, corrisponde a 1435 millimetri. Il secondo scartamento utilizzato nel mondo è quello russo, corrispondente a 1520/1524 mm. Esistono poi anche alcuni paesi che utilizzano uno scartamento di 1668/1676 mm. Oltre a questi scartamenti, identificati come normale o standard e largo, esistono poi delle linee ferroviarie a scartamento ridotto, dove la distanza tra le rotaie può variare dai 600 ai 1067 mm.

Al termine del conflitto, in tutte e tre le Repubbliche Baltiche, le battaglie sostenute dai treni blindati vennero giustamente celebrate, merito sia dei risultati ottenuti sia del coraggio e dell'abnegazione dimostrati dai militari in servizio.

A dimostrazione dell'importanza data ai treni blindati, tutti gli eserciti baltici procedettero alla riorganizzazione dei mezzi e della struttura, ammodernando piattaforme e caserme, predisponendo piani operativi e organizzando esercitazioni interforze, fino all'invasione dell'Unione Sovietica del 1940, quando Estonia, Lettonia e Lituania persero la loro indipendenza e i treni blindati in servizio vennero smantellati o utilizzati dai reparti dell'Armata Rossa durante la II Guerra Mondiale.

▲ La piattaforma di artiglieria del treno blindato a scartamento largo n. 1 "Kapten Irw" del 1. *Soomusrongirügement* a Tapa (*https://unistomlg.ru/it/otcy-i-deti/siti-ee-g-tapa-tapa-estoniya/*)

TRENI BLINDATI DELL'ESTONIA

Il 28 novembre 1918, data di inizio della guerra d'indipendenza estone, solo pochi reparti della milizia paramilitare della Lega di difesa estone *"Kaitseliit"* erano in grado di contrastare le truppe dell'Armata Rossa, in quanto il neonato esercito estone *"Eesti maavägi"* aveva pochi reparti in servizio. Nonostante l'arruolamento di migliaia di reclute e il loro rapido addestramento, permaneva nel *Eesti maavägi* una grave carenza di armamenti, sia individuali che di reparto, senza contare l'assoluta mancanza di mezzi blindati e corazzati.

L'Estonia aveva una discreta rete ferroviaria, con ferrovie a scartamento largo e ridotto, che compensava una rete viaria ancora poco sviluppata e in gran parte non asfaltata, cosa che limitava notevolmente la viabilità delle persone e dei materiali. La presenza di una rete ferroviaria in discrete condizioni consentì però lo sviluppo dei treni blindati, una tipologia di mezzo armato molto utilizzato da parte di tutti i combattenti sul fronte orientale.

Sotto l'impulso del capitano Johan Pitka[2], utilizzando manodopera e attrezzature presso aziende locali, vennero costruiti numerosi treni blindati, fondamentali prima per contrastare le offensive dell'Armata Rossa poi per le successive vittoriose controffensive estoni.

I Laiarööpmeline Soomusrong – LRSR

Il 27 novembre 1918 iniziò la costruzione del primo *Laiarööpmeline Soomusrong – LRSR*, treno blindato a scartamento largo, utilizzando come base di partenza piattaforme e vagoni appartenenti ad un analogo mezzo abbandonato dai reparti tedeschi e accantonato presso la rimessa di Kopli a Tallinn. Si trattava di due piattaforme di artiglieria dotate di pareti in lamiera di ferro con una postazione per i cannoni alle estremità, alcuni vagoni merci blindati con lamiere di ferro rinforzato e un paio di carri merci blindati con pareti di legno, dotate di una intercapedine riempita di sabbia, fino all'altezza del petto dell'uomo per poter consentire ai militari all'interno di poter sparare stando al riparo, coperti con un tetto in legno e metallo.

Furono allestite due piattaforme di artiglieria, due carri blindati armati di mitragliatrici e alcuni carri blindati per il trasporto di militari, integrati da alcuni vagoni passeggeri, per il trasporto degli ufficiali e dei soldati, e vagoni attrezzati come locale mensa e infermeria. Normalmente il treno blindato era composto da: una piattaforma di artiglieria e un carro mitragliatrice alle estremità del convoglio, la locomotiva in mezzo e i restanti vagoni per il trasporto dei militari posizionati tra la locomotiva e i carri mitragliatrice. In seguito, vennero utilizzati anche dei carri a pianale per il trasporto del materiale per il ripristino dei ponti e della linea ferroviaria danneggiati dal nemico, in molti casi erano posizionati alle estremità dal convoglio davanti alle piattaforme di artiglieria.

Le piattaforme di artiglieria vennero armate con un cannone da 107 mm Modello 1910[3] e due cannoni da campo da 76 mm russi, mentre i carri mitragliatrici furono dotati di 28 mitragliatrici pesanti. Tutto l'armamento leggero in dotazione, fucili, mitragliatrici, bombe a mano, proveniva dal materiale abbandonato dai tedeschi. Il personale addetto al funzionamento del treno blindato era composto da 122 uomini, di cui 40 ufficiali, 1 ufficiale medico, 1 ufficiale veterinario e 80 tra sottufficiali e soldati, molti provenienti dall'artiglieria.

---

2 Johan Pitka era un militare estone tra i fondatori della Lega di Difesa, durante la Guerra d'Indipendenza fu l'artefice della costruzione dei treni armati, assumendo anche il comando di uno di essi, e delle prime autoblindate. Contribuì all'organizzazione della Marina militare raggiungendo il grado di contrammiraglio.

3 Il cannone 107 mm M1910 era un cannone da campagna russo basato su un pezzo progettato dalla francese Schneider prima della Grande Guerra e utilizzato dall'Esercito imperiale.

Una parte dei militari appartenevano alle cosiddette squadre di sbarco, reparti che, non appena il treno si fermava ed iniziava a sparare contro le formazioni nemiche, scendevano dai vagoni e si posizionavano a difesa del convoglio o partecipavano all'attacco delle posizioni avversarie come reparti di fanteria d'assalto.

I lavori di completamento del treno blindato n. 1, LRSR nr. 1, vennero terminati entro il 29 novembre e il giorno successivo venne inviato verso il fronte di Viru.

Il comando del treno blindato n. 1 venne assegnato al capitano Karl Parts, assistito dal capitano Anton Irv, mentre il tenente Reinhold Sabolotny assunse il comando delle piattaforme di artiglieria, coadiuvato da 12 tra sottufficiali e soldati provenienti dai reggimenti di artiglieria di campagna.

Alle ore 15 del 30 novembre 1918, partendo dalla stazione di Kopli a Tallinn, il treno blindato n. 1 iniziò il suo primo viaggio in direzione di Narva, arrivando in serata a Rakvere, dove il capitano Parts incontrò il comandante della 1ª Divisione e il comandante del 5° Reggimento di fanteria, di stanza nella città. Nelle prime ore del 2 dicembre il treno blindato lasciò Rakvere dirigendosi verso Narva. Dopo aver superato le stazioni ferroviarie di Jõhvi e di Oru, giunto nei pressi della stazione ferroviaria di Vaivara sostenne il primo scontro a fuoco contro reparti nemici provenienti da Narva.

Mentre iniziava l'attività militare del treno blindato a scartamento largo n. 1, nelle officine di Tallinn proseguiva frenetica l'attività di allestimento di nuovi mezzi. Il 12 dicembre 1918 il treno blindato n. 2[4], LRSR nr. 2, era terminato e il 13, dopo essere stato passato in rivista dal maggiore generale Laidoner durante la cerimonia ufficiale di consegna, con il treno decorato e l'orchestra che suonava inni patriottici, venne inviato al fronte a Viru.

Il 18 dicembre terminavano anche i lavori sul treno blindato n. 3, LRSR nr. 3, che il 23 si schierava presso la linea del fronte a Viru[5].

Poiché erano presenti anche consistenti tratti di ferrovia a scartamento ridotto, vennero costruiti anche treni blindati adatti a questo scartamento. Il primo *Kitsarööpmeline soomusrong – KRSR*, treno blindato a scartamento ridotto, venne costruito presso il deposito di locomotive di Pärnu e terminato il 28 dicembre 1918, i primi di gennaio 1919 venne inviato al fronte. Il KRSR nr. 1, era dotato di tre vagoni blindati armati con due mitragliatrici pesanti e tre leggere.

Con tre treni blindati al fronte, venne deciso di nominare un comandante in capo al quale dovevano fare riferimento sia i singoli comandanti dei treni sia i comandanti dei reparti dai quali dipendevano operativamente quando schierati sul fronte. Come comandante dei treni blindati a scartamento largo a fine dicembre venne nominato il capitano Karl Parts.

Ai primi di gennaio del 1919 i treni blindati, a seguito dell'avanzata dell'Armata Rossa, si ritirarono oltre i centri abitati di Aegwiidu-Kehra, da dove iniziarono veloci puntate offensive che contribuirono a stabilizzare il fronte. Quotidianamente, su preciso ordine del capitano Parts, i treni blindati contrattaccavano i reparti bolscevichi, conquistando terreno e numeroso bottino di guerra.

Dopo aver contribuito a consolidare il fronte est, il capitano Parts decise che era giunta l'ora di conquistare il nevralgico centro ferroviario di Tapa. Predisposto il piano d'attacco, nelle prime ore della nebbiosa mattinata dell'8 gennaio 1919, i treni blindati n. 1, n. 3 e n. 2 iniziarono il movimento verso Tapa. Il percorso fu di breve durata, il nemico aveva fatto saltare il ponte sul fiume Soodla e per continuare ad avanzare era necessario il suo ripristino.

---

4 Il treno blindato n. 2 era chiamato "il treno dei ragazzi della scuola" perché la maggior parte del suo equipaggio era formato da studenti che avevano lasciato gli studi per difendere la nazione.

5 Testimonianza di un soldato appartenente all'equipaggio del LSRS nr. 3 durante il primo impiego operativo *"Il treno blindato era costituito da vagoni merci con una piastra di ferro da tre pollici o mezzo pollice imbullonata su di esso. Tuttavia, poiché non proteggeva bene dai proiettili speciali, cosiddetti blindati, è stato aggiunto uno strato di sabbia spesso circa un piede tra la testiera della testa della persona e il muro poco sopra. C'erano dei fori da tiro sotto il soffitto, e nel mezzo del carro c'era una fornace di ferro e panche di legno attorno alle pareti. Erano quattro o cinque. Inoltre, la protezione del treno era accompagnata da mitragliatrici, un vagone del personale per gli ufficiali, un vagone cucina e una piattaforma di artiglieria a capo del treno e una locomotiva al centro del treno".*

Alle ore 5 del 9 gennaio venne dato inizio al secondo tentativo di conquistare Tapa, quando tutti i tre treni blindati si misero in movimento dirigendosi verso l'obiettivo. Percorsi appena tre chilometri i treni dovettero fermarsi per permettere la riparazione di un tratto di ferrovia danneggiato, ripreso il movimento e giunti a 3 chilometri prima di Tapa, nuova sosta per un altro intervento di riparazione. I reparti dell'Armata Rossa schierati a difesa della cittadina di Tapa iniziarono a fare fuoco con l'artiglieria contro i treni blindati, che immediatamente risposero al fuoco.

Alle ore 7 il capitano Irv ordinò alle squadre da sbarco dei treni blindati n. 1 e n. 3 di scendere dai treni e dirigersi verso le linee nemiche. Dopo circa un'ora, riparata la ferrovia, i treni blindati ripreso il movimento verso Tapa, appoggiando con il fuoco dei cannoni e delle mitragliatrici l'attacco delle squadre da sbarco.

Lo slancio delle squadre di sbarco travolse i difensori che si ritirarono attraverso i boschi ad est, per poi raggiungere la pianura. Le prime squadre di sbarco furono comunque accolte da un intenso fuoco nemico, che ferì alcuni soldati, tra i quali il comandante della squadra di sbarco del treno blindato n. 2, il capitano Tõnishoff, che venne immediatamente sostituito al comando dal tenente Enkelberg.

L'attacco costrinse i difensori bolscevichi, annidati all'interno di Tapa, a ritirarsi tra le case nell'area del cimitero, dove venne concentrato il fuoco dei cannoni dei treni blindati, giunti a supporto delle squadre di sbarco avendo riparato le interruzioni presenti sulla ferrovia., costringendoli a ritirarsi verso il fiume abbandonando la città. Alle ore 9, con i treni blindati n. 1 e n. 3 entrati nella stazione ferroviaria, Tapa era finalmente liberata dall'Armata Rossa.

I soldati sovietici che tentarono di ritirarsi oltre il fiume, attraversando il ponte stradale che collega Tapa a Rakvere, furono catturati dalle squadre di sbarco del treno blindato n. 2, che aveva manovrato per aggirare il nemico senza essere stato avvistato.

Consistente il materiale catturato: 3 mitragliatrici, circa 200 fucili, materiale esplosivo e 78 prigionieri. Le perdite estoni ammontarono a 4 feriti, mentre il nemico perse circa 70 uomini.

Il treno blindato n. 1 raggiunse quindi il ponte Valgejõgi, senza poterlo attraversare a causa di un sabotaggio, da dove sparò 25 colpi, per poi ritornare presso la stazione lasciando il compito agli operai e ai volontari di ripristinare il manufatto. Il treno blindato n. 3 proseguì invece verso Tartu, raggiungendo alla sera la stazione di Tamsalu, per poi ritornare a Tapa.

Mentre erano in corso i combattimenti per la conquista di Tapa, a Tallinn l'8 gennaio veniva completato il treno blindato a scartamento largo n. 4, LRSR nr. 4, che giunse al fronte il 21 gennaio. Procedeva anche celermente la costruzione dei treni blindati a scartamento ridotto i *Kitsaröõpmeline soomusrong*. Il KRSR n. 2 fu costruito all'inizio del 1919 nelle fabbriche portuali di Tallinn e andò al fronte il 12 gennaio 1919, costituito da una locomotiva e da 7 vagoni, armato con un cannone da 57 mm e 6 mitragliatrici pesanti "Maxim". L'equipaggio del KRSR n. 2 era composto da 6 ufficiali e 22 soldati, mentre le squadre di sbarco avevano 50 fucili, 3 mitragliatrici "Lewis" e 4 "Madsen".

Il KRSR n. 3 venne costruito a Tallinn tra il 15 gennaio e il 27 gennaio 1919 ed inviato al fronte i primi di febbraio, mentre il KRSR n. 4 fu costruito tra il 3 gennaio e il 21 febbraio, sempre a Tallinn.

Poiché l'attività operativa dei treni blindati a scartamento ridotto era diversa da quella dei treni a scartamento largo, venne affidato al capitano Albert Peters l'incarico di coordinare le loro operazioni.

Conquistata Tapa il capitano Parts, sfruttando lo sbandamento dei reparti dell'Armata Rossa, decise di proseguire l'offensiva verso sud per cercare di liberare Tartu, iniziando il movimento con i treni blindati il 13 gennaio. Nella notte del 14 gennaio il capitano Parts, guidando personalmente l'attacco delle squadre di sbarco, nei pressi del maniero di Woldi rimase leggermente ferito. Dopo una battaglia durata circa undici ore, con feroci scontri anche all'arma bianca, le squadre di sbarco con i treni blindati n. 1 e n. 3 liberarono la città di Tartu il 15 gennaio.

Liberata Tartu, i treni blindati n. 1, n. 2 e n. 3, al comando del capitano Parts, continuarono nella loro vittoriosa avanzata in direzione di Valga, con il compito di liberare la città e ributtare i bolscevichi oltre il confine estone. Durante la battaglia di Kirep del 23 gennaio, nei pressi di Elva, il capitano Parts venne gravemente ferito. Venne sostituito temporaneamente dal capitano Anton Irv, che fu nominato comandante dei Treni Corazzati.

La mattina del 24 gennaio, al comando del capitano Irv, i treni blindati, in collaborazione con il battaglione partigiani *Kuperjanov*, continuarono l'offensiva in direzione di Pritsu e, dopo cinque ore di duri combattimenti, la cittadina e la stazione di Palupera vennero conquistate.

Nonostante le numerose interruzioni effettuate dai bolscevichi ai ponti e alla ferrovia, e il fuoco dell'artiglieria nemica, l'efficace azione della fanteria appartenente al battaglione di difesa della contea di Tartu e al battaglione volontari di Tartu, ben sostenuti dal fuoco dei treni blindati, il 25 gennaio permisero la liberazione prima dell'area intorno a Rõngu e successivamente, nel pomeriggio, della città di Puka. La strada per la liberazione dell'importante città di Valga era aperta.

La conquista dello strategico snodo ferroviario della città di Valga consentì alle forze armate estoni di muoversi con i treni blindati verso nuove direttrici, come Pskov, Irboska, Volmar e Hopa, rendendo però necessario un maggiore coordinamento dell'attività dei treni con gli altri reparti presenti sul territorio.

La Soomusrongide Divisjon

Il 10 febbraio 1919 venne quindi costituita la *Soomusrongide Divisjon*, Divisione treni corazzati, che raggruppava tutti i treni blindati, sia a scartamento largo che ridotto, la colonna dei carri blindati, il battaglione di scorta, i treni di riparazione[6] e il reparto di addestramento delle mitragliatrici del treno blindato. La formazione temporanea della *Soomusrongide Divisjon* venne approvata ufficialmente dal Comandante in Capo delle Forze Armate Johan Laidoner il 10 marzo 1919. A seguito dell'applicazione di tale disposizione, il Comandante della Divisione acquisiva i compiti in ambito amministrativo e disciplinare, mentre in campo operativo i treni blindati rimanevano subordinati ai comandanti della divisione di fanteria alle quali erano di supporto.

In assenza del capitano Parts convalescente, il comando ad interim della *Soomusrongide Divisjon* venne assegnato al capitano Anton Irv.

La struttura della *Soomusrongide divisjon* (Divisione treni corazzati) era la seguente:
- Comandante ad interim della divisione, capitano Anton Irv
- Comandante di divisione, capitano Karl Parts
- Capo di stato maggiore, capitano Johannes Poopuu
- Aiutante di divisione, tenente Johannes Eisenberg
- Capo della divisione equipaggiamento, Mihkel Piperal
- *Laiarööpmelised soomusrongid* – LRSR - Treni blindati a scartamento largo

Laiarööpmeline Soomusrong nr.1 (LRSR nr.1)
- Piattaforma di artiglieria (*Suurtükiplatvorm*) "*Wambola*" – un cannone da 107 mm Schneider
- Piattaforma di artiglieria "*Pisuhänd*" – due cannoni da 76 mm
- I carri mitragliatrici erano armati con 28 mitragliatrici pesanti
- Nei vagoni e carri da sbarco era presente un battaglione da sbarco che, nell'estate del 1919, era composto da 239 uomini

Laiarööpmeline soomusrong nr.2 (LRSR nr.2)
- Piattaforma di artiglieria "*Uku*" – un cannone da 76 mm e un obice da 122 mm

---

6 Il 19 novembre 1918 venne costituito il Battaglione del genio Inseneripataljon, che comprendeva anche una compagnia ferroviaria. Questa compagnia non fece mai parte della Soomusrongide Divisjon, ma formò i tre treni di riparazione che vennero utilizzati per riparare i ponti e supportare i treni blindati.

- Piattaforma di artiglieria *"Sepp Willu"* – un cannone da 76 mm e un obice da 122 mm
- Piattaforma di artiglieria *"Kalew"* – due cannoni da 76 mm e una mitragliatrice pesante in torretta

<u>Laiarööpmeline soomusrong nr.3 (LRSR nr.3)</u>
- Piattaforma di artiglieria *"Tont"* – due cannoni da 76 mm
- Piattaforma di artiglieria *"Onu Tom"* – un cannone da 76 mm e un cannone antiaereo da 75 mm

<u>Laiarööpmeline soomusrong nr.4 (LRSR nr.4)</u>
- Piattaforma di artiglieria *"Pikker"* – un obice da 122 mm e un cannone antiaereo da 75 mm
- Piattaforma di artiglieria *"Tõll"* - un cannone Krupp da 105 mm
- Piattaforma di artiglieria *"Kõu"* – due cannoni da 76 mm

<u>Laiarööpmeline soomusrong nr.5 (LRSR nr.5)</u>
- Piattaforma di artiglieria *"Tasuja"* - un cannone da 84 mm e un cannone da 76 mm
- Piattaforma di artiglieria *"Wõitleja"* - un cannone da 119 mm e un cannone da 75 mm

<u>Laiarööpmeline soomusrong nr.6 (LRSR nr.6)</u>
- Piattaforma di artiglieria *"Tommi"* – un cannone antiaereo da 57 mm già in servizio nel LRSR nr. 1
- Piattaforma di artiglieria *"Leitnant Sabolotnõi Kartetsch"* – un cannone da 120 mm e una mitragliatrice pesante in torretta
- Piattaforma di artiglieria *"Rummu Jüri"* – un cannone da 76 mm e una mitragliatrice pesante in torretta
- *Kitsarööpmelised soomusrongid* – KRSR - Treni blindati a scartamento ridotto

<u>Kitsarööpmeline soomusrong nr.1 (KRSR nr.1)</u>
- Due mitragliatrici pesanti e tre mitragliatrici leggere "Lewis"[7]

<u>Kitsarööpmeline soomusrong nr.2 (KRSR nr.2)</u>
- Un cannone da 57 mm e 6 mitragliatrici pesanti "Maxim"[8]

<u>Kitsarööpmeline soomusrong nr.3 (KRSR nr.3)</u>
- Due cannoni e 9 mitragliatrici

<u>Kitsarööpmeline soomusrong nr.4 (KRSR nr.4)</u> (denominato *Viljandi*)
- Un cannone e 6 mitragliatrici
- Battaglione di riserva dei treni corazzati[9]

Il 16 marzo 1919 venne terminata la costruzione del LRSR nr.5, che raggiunse il fronte il 18[10].

Il 27 marzo 1919 alla *Soomusrongide Divisjon* vennero aggregati i seguenti reparti: battaglione partigiano *Kuperjanov*, battaglione *Kalevlaste Maleva*, battaglione scout e batteria di artiglieria straniera. La presenza dei battaglioni *Kuperjanov, Kalevlaste Maleva* e scout, permise ai treni blindati di incrementare notevolmente le loro squadre di sbarco, consentendo ad ogni singolo treno una maggiore autonomia operativa.

Il 7 aprile 1919, durante la battaglia combattuta lungo la strada Riga-Pskov, il KRSR nr. 4 venne investito da un forte concentramento di artiglieria nemica che lo fece deragliare. Un nuovo treno blindato a scartamento ridotto venne costruito il 1° maggio 1919 nello stabilimento ferroviario di Mõisaküla e, rimesso in servizio, riprese la numerazione KRSR nr. 4[11].

---

7 Secondo altre fonti l'armamento sarebbe stato di 2 cannoni e 12 mitragliatrici.

8 Secondo altre fonti l'armamento sarebbe stato di 1 cannone e 9 mitragliatrici.

9 Il Battaglione di riserva era una normale unità di fanteria, formato nel marzo 1919 per ordine del capitano Anton Irv, con il compito di addestrare i rincalzi per gli equipaggi dei treni blindati. Era comandato dal capitano Emil Kursk.

10 Secondo altre fonti il LRSR nr. 5 sarebbe stato terminato il 6 giugno 1919, primo comandante del LRSR nr. 5 fu il capitano Johan Pitka.

11 I treni blindati a scartamento ridotto costruiti furono in effetti 5, ma il quinto convoglio prese l'identica numerazione del KRSR nr. 4 distrutto, facendo sì che furono in effetti solo quattro i treni blindati in servizio.

Raggiunto l'obiettivo di respingere l' Armata Rossa fuori dai confini estoni nella primavera del 1919, i combattimenti sul fronte meridionale non terminarono, in quanto le forze armate estoni si trasferirono in Lettonia per aiutare le truppe lettoni a sconfiggere i bolscevichi. Il 27 aprile 1919, durante la battaglia per il controllo della stazione di Egle, vicino alla località di Strenči, il capitano Irv, che stava comandando l'attacco dei treni blindati estoni, venne ucciso.

A seguito della morte del capitano Anton Irv, il capitano Karl Parts, appena rientrato dalla convalescenza, divenne ufficialmente il comandante della divisione dei treni corazzati.

In onore del capitano Irv il LRSR nr. 1 venne denominato *"Kapten Irw"*.

Il 12 agosto venne completato l'allestimento del LRSR nr.6, che venne subito inviato al fronte.

Il 22 agosto 1919 la *Soomusrongide Divisjon* venne rinominata *Soomusrongide diviis* - Divisione Corazzata, anche se si trattava solamente di un aspetto formale, operativamente non cambiava nulla. Il capitano Parts venne confermato comandante della divisione, il capitano Poopuu capo di stato maggiore e il vicecapitano Hinnom fu nominato assistente del comandante di divisione.

L'11 ottobre 1919 i LRSR nr.4, nr.5 e nr.6 parteciparono all'attacco per la liberazione della cittadina di Pskov, con il compito di respingere il nemico oltre la loro attuale linea difensiva fino a fargli superare il fiume Velikaja. L'operazione ebbe successo, con le posizioni difensive nemiche interrotte in diversi punti, permettendo la conquista di numerosi villaggi, anche se l'avanzata fu ostacolata da molte interruzioni della linea ferroviaria, causate dai sabotaggi nemici, che comportarono consistenti perdite di tempo per effettuare le dovute riparazioni.

Il 5 novembre 1919 il battaglione *Kalevlaste Maleva* e i LRSR nr.2, nr.4, nr.5 e nr.6 parteciparono ad una nuova offensiva in Lettonia. A metà dicembre il LRSR nr.6, che era schierato a difesa della ferrovia Ramotskoye – Põtalovo, di stanza presso la stazione di Kuprova, venne sostituito da un treno blindato lettone e rientrò in patria.

Il 2 febbraio 1920 veniva sottoscritto il trattato di pace tra l'Estonia e l'Unione Sovietica, si concludeva così la Guerra d'Indipendenza estone. Furono in totale 323 i militari caduti appartenenti alla *Soomusrongide Divisjon*.

Durante la Guerra d'Indipendenza, su nove soldati a cui furono assegnate le tre Freedom Cross quattro erano ufficiali appartenenti agli equipaggi dei treni blindati, mentre altri 286 militari della *Soomusrongide Divisjon* ricevettero la Freedom Cross.

La *Soomusrongide Brigaad*

Il 1° febbraio 1921 la *Soomusrongide diviis* venne trasformata in *Soomusrongide Brigaad*, Brigata Corazzata, senza modificare la consistenza dei reparti del suo organico.

Terminata la Guerra d'Indipendenza, non appena le condizioni economiche lo permisero, iniziarono i lavori per riparare e potenziare i treni blindati che erano stati costruiti in tutta fretta durante la guerra. I principali lavori riguardarono la ricostruzione delle piattaforme di artiglieria, o la costruzione di nuove, intervenendo sulle corazze, sui cannoni e sugli obici installati.

Le piattaforme e i carri ricevettero una nuova corazza in acciaio al nichel-cromo dallo spessore di 10/12 mm, mentre i cannoni russi da 76 mm M 1902 vennero installati su affusto a candeliere, che aumentava considerevolmente il settore di tiro, oltre a poter essere impiegati anche in funzione antiaerea. Gli obici e i cannoni di medio calibro ricevettero invece una blindatura in acciaio che consentì una maggiore protezione ai serventi. Essendo le piattaforme di artiglieria dotate anche di mitragliatrici pesanti, i carri mitragliatrici utilizzati durante la Guerra d'Indipendenza vennero eliminati.

Nel 1922 tutti i *Kitsarööpmelised soomusrongid* (Treni blindati a scartamento ridotto) vennero smantellati, recuperando le armi e consegnando il materiale rotabile alle Ferrovie Estoni.

Il 1° agosto 1923 la *Soomusrongide Brigaad* venne sottoposta ad una nuova riorganizzazione, vennero costituiti il 1. *Soomusrongirügement* (1° Reggimento treni corazzati), di stanza a Tapa, e il 2. *Soomusrongirügement* (2° Reggimento treni corazzati) di stanza a Valga, mentre i mezzi blindati e corazzati confluirono nella nuova *Auto-tankdivisjion*.

La novità principale della *Soomusrongide Brigaad* era che tutti i battaglioni di fanteria incorporati nella *Soomusrongide diviis* vennero sottratti alla Brigata, che rimase con le sole compagnie di sbarco in servizio nei singoli treni blindati.

La struttura della *Soomusrongide Brigaad* era la seguente:

- Quartier Generale
- 1. Soomusrongi Rügement
  o Quartier generale reggimentale
  o Laiarööpmeline soomusrong nr. 1 *"Kapten Irw"*
  o Laiarööpmeline soomusrong nr. 3
  o Officina e squadra riparazioni
  o Reparto trasmissioni
- 2. Soomusrongi Rügement
  o Quartier generale reggimentale
  o Laiarööpmeline soomusrong nr. 2
  o Laiarööpmeline soomusrong nr. 4
  o Officina e parco ricambi
  o Reparto trasmissioni

Ogni treno blindato, oltre alle piattaforme di artiglieria e al Comando, era dotato di una compagnia di mitragliatrici, una compagnia di sbarco e una squadra riparazioni.

Contemporaneamente alla ristrutturazione dei treni blindati, e alla riorganizzazione della struttura militare, vennero anche restaurate e riordinate le caserme dove erano stanziati i reparti della *Soomusrongide Brigaad*. Nel 1923 vennero completate le caserme sede del 1. Soomusrongi Rügement a Tapa, con la costruzione di una nuova caserma e di una centrale elettrica, mentre le scuderie, i magazzini e altri locali di servizio furono riordinati. Il Quartier generale reggimentale venne collocato al primo piano dell'ex maniero, mentre numerose aule ben attrezzate furono allestite all'interno delle nuove caserme. Di particolare interesse l'aula di topografia, all'interno della quale era presente un grande plastico riproducente la battaglia di Tapa, completa di tutte le strade, ferrovie, ponti, abitazioni e stazioni. Su tale plastico venivano svolte esercitazioni di guerra da parte dei cadetti con un effetto molto realistico.

Nella seconda metà degli anni Trenta il Reggimento Corazzato disponeva di 8 piattaforme di artiglieria leggere, di 4 piattaforme di artiglieria miste e di 4 piattaforme di artiglieria pesante:

- *"Hävitaja"* - 1925 - due cannoni da 76 mm M1902
- *"Vanapagan"* - 1925 - due cannoni da 76 mm M1902
- *"Maru"* - 1925 - due cannoni da 76 mm M1902
- *"Vapper"* - 1925 - due cannoni da 76 mm M1902
- *"Võitleja"* - 1933/38 - due cannoni da 76 mm M1902
- *"Tont"* - 1921 - due cannoni da 76 mm M1902
- *"Taara"* - 1931 - due cannoni da 76 mm M1902
- *"Uku"* - 1920 - due cannoni da 76 mm M1902
- *"Pikker"* - 1920 – un cannone da 76 mm M1902 e un cannone Schneider da 107 mm M1910
- *"Kõu"* - 1932 - un cannone da 76 mm M1902 e un cannone Schneider da 107 mm M1910
- *"Sabolotnõi"* - 1919 - un cannone da 76 mm M1902 e un cannone Schneider da 107 mm M1910
- *"Tasuja"* - 1933 – un cannone inglese da 120 mm e un cannone da 76 mm M1902

- *"Onu Tom"* - 1930 - due obici Vickers da 152 mm Mk 1
- *"Lembit"* - 1931 - due obici Vickers da 152 mm Mk 1
- *"Kalev"*   - 1929 - due obici Schneider da 152 mm M1909
- *"Tommi"* - 1928 - due obici Schneider da 152 mm M1909

Cinque piattaforme di artiglieria leggere erano dotate di 4 mitragliatrici pesanti, due di tali piattaforme erano anche dotate di installazioni per posizionate le mitragliatrici in funzione antiaerea.

Ogni treno blindato, oltre alle piattaforme di artiglieria, era dotato di una compagnia di mitragliatrici, una compagnia di sbarco, una compagnia del genio e reparto trasmissioni.

Il *Soomusrongirugement*

Il 30 novembre 1934 il *1. Soomusrongi Rügement* (1° Reggimento di Treni Corazzati), di stanza a Tapa, e il *2. Soomusrongi Rügement* (2° Reggimento di Treni Corazzati), di stanza a Valga, furono fusi nel *Soomusrongirugement* - Reggimento di Treni Corazzati con sede a Tapa. Le compagnie di sbarco furono sciolte e, per i servizi di guardia, rimase un solo gruppo di fanteria.

La struttura del *Soomusrongirugement* era la seguente:

- Quartier Generale
- Divisione I:
  - Treno blindato *"Kapten Irw"*
  - Treno blindato nr. 2
  - Compagnia di mitragliatrici
  - Compagnia genio
  - Reparto di fanteria per servizio di guardia
- Divisione II:
  - Treno blindato nr. 3
  - Batteria artiglieria pesante
  - Compagnia di mitragliatrici
  - Compagnia genio
  - Reparto di fanteria per servizio di guardia
- Officina tecnica
- Clinica Medica

Per un totale di 544 uomini tra ufficiali, sottufficiali, graduati e truppa.

In totale erano presenti: 38 cannoni, 64 mitragliatrici pesanti e 16 leggere. Risultava molto carente la difesa antiaerea dei treni blindati, per la mancanza di mitragliatrici e di equipaggiamento idoneo. Altra grave carenza erano i mezzi di comunicazione, erano in dotazione al Reggimento solo 2 stazioni radio e attrezzatura per la posa di una linea telefonica di 7,5 km a disposizione per ogni divisione.

Oltre alle piattaforme di artiglieria dei treni blindati, dal 1936, nella Divisione II del *Soomusrongirugement,* era presente una Batteria Artiglieria Pesante costituita da tre piattaforme di artiglieria, dotate di cannoni navali, costruite tra il 1935 e il 1936:

- *"Suur Tõll"* con un cannone Canet da 152 mm (costruita nel 1935)
- *"Müristaja"* con un cannone russo da 102 mm (costruita nel 1935)
- *"Tapper"* con cannone russo da 102 mm (costruita nel 1936)

I cannoni navali erano stati scelti per la maggiore gittata rispetto a quelli installati sulle piattafor-

me dei treni blindati. Infatti, a fronte di una gittata che andava dai 6 agli 8,5 km per il cannone da 76 mm, dagli 8 agli 11 km per il cannone da 107 mm, ai 10 km per il cannone da 120 mm, dai 7 ai 9 km per gli obici da 152 mm, i cannoni navali permettevano di sparare proiettili con una gittata tra i 16 e i 20 km. Il cannone Canet da 152 mm aveva una gittata di 18 km, mentre il cannone da 102 mm aveva una gittata di 16,5 km, che poteva aumentare a 19,4 km se venivano utilizzati proiettili speciali.

Nel corso del 1939 era prevista la costruzione di ulteriori due piattaforme di artiglieria pesante, dotate di cannoni da 102 mm recuperati a seguito della dismissione dalla 15ª batteria di stanza a Randvere, ma nell'estate del 1940 la loro costruzione venne interrotta.

L'addestramento degli equipaggi dei treni blindati era continuo, sia all'interno del *Soomusrongirugement,* con continue esercitazioni, sia in collaborazione con la fanteria delle varie Divisioni schierate sui confini della nazione. Questo addestramento continuo rendeva i treni blindati sempre pronti a muovere in caso di allarme. Secondo i piani di difesa, ogni carro di artiglieria leggera e pesante poteva essere rapidamente strutturato in un treno blindato leggero e uno pesante, ampliando notevolmente la disponibilità di mezzi per affrontare il nemico secondo le necessità contingenti.

Il 29 novembre 1938 il *Soomusrongirugement* celebrò il 20° anniversario della costituzione dei Treni Corazzati, con una sfilata presso il campo sportivo del Reggimento e una commemorazione dei Caduti della Guerra d'Indipendenza tenuta dal colonnello Karl Parts, primo comandante della *Soomusrongide Divisjon,* davanti a quasi 100 veterani appartenenti agli equipaggi dei treni blindati giunti per l'anniversario.

Se nel 1922 i KRSR (Treni blindati a scartamento ridotto) erano stati smantellati, la necessità di poter utilizzare le notevoli tratte di ferrovia a scartamento ridotto presenti e i venti di guerra che si addensavano sempre di più sull'Estonia, fecero si che nel 1939 i piani di difesa prevedessero nuovamente la possibilità di un loro utilizzo in caso di guerra.

Presso il *Soomusrongirugement* furono accantonati quattro cannoni da 76 mm e 16 mitragliatrici Maxim, con una congrua riserva di munizioni. In caso di mobilitazione a Mõisaküla, importante snodo ferroviario dove si diramavano due linee a scartamento ridotto, si sarebbero dovuti costruire: 4 carri di artiglieria, 1 treno blindato e 2 locomotive blindate. Due locomotive e 8 vagoni, necessari per completare i treni blindati, sarebbero stati forniti dal Servizio Ferroviario. Tuttavia nella nuova struttura del *Soomusrongirugement,* predisposta nel 1940, non erano previsti treni blindati a scartamento ridotto, per cui la loro storia rimase solo sulla carta per pochi mesi.

Nel settembre del 1939 l'organico del *Soomusrongirugement* era di 467 uomini.

Durante il 1940 venne presa la decisione di utilizzare, in caso di guerra, solo le piattaforme di artiglieria armate con cannoni da 107 mm o con obici da 152 mm, di conseguenza tutte le piattaforme di artiglieria leggera vennero gradualmente smantellate, con i cannoni recuperati e consegnati alla artiglieria costiera.

L'invasione sovietica del 1940

A seguito dell'occupazione dell'Estonia da parte dell'Unione Sovietica il 16 giugno 1940, i reparti dell'esercito estone entro il mese di settembre vennero inseriti nel nuovo 22° Corpo di Fucilieri Territoriali dell'Armata Rossa. Nel 22° Corpo Fucilieri Territoriali non venne però inserito il *Soomusrongirugement,* ma non si è a conoscenza dei motivi di tale decisione. Nel luglio 1940 un'unità di fanteria russa arrivò presso il reggimento e provvide a smantellare i cannoni dalle piattaforme di artiglieria per posarli su carri merci destinati ad essere trasferiti in Unione Sovietica.

Il 12 febbraio 1941, il distretto militare speciale baltico dell'Armata Rossa recuperò tutto il materiale presente presso il *Soomusrongirugement,* locomotive, vagoni, sia blindati che normali, carri merci, materiale vario, che provvide a trasferire in Unione Sovietica.

Terminava quindi ufficialmente la storia dei treni blindati in servizio nel *Eesti maavägi*.

Nel 2019, in occasione delle celebrazioni dedicate al centenario della fine della Guerra d'Indipendenza, a seguito della collaborazione tra il Museo della Guerra Estone e il Deposito ferroviario di Tapa, è stata costruita una copia del treno blindato denominato *"Wabadus"* n. 7. Il treno, partendo da Tapa il 9 gennaio, ha sostato durante tutto l'anno in moltissime stazioni, consentendo ai visitatori di salire sui vagoni e rendersi conto non solo di come si svolgeva la vita su tale mezzo ma anche, grazie ai display posizionati sulle parti interne, di seguire l'evoluzione cronologica della Guerra d'In-

▲ Lo Stato Maggiore della *Soomusrongide* Divisjon nell'inverno del 1919. Seduti da sinistra il capitano Johan Pitka, il capitano Anton Irv e il capitano Karl Parts, ferito, in piedi gli ufficiali Julius Trubok, Mihkel Piperal e Johannes Eisenberg *(https://commons.wikimedia.org/wiki/File:Soomusrongide_juhte_1919._aasta_kevadtalvel.jpg)*

▼ Treno blindato a scartamento ridotto n. 1 insieme ai fanti del 6° Reggimento di fanteria *(https://ajapaik.ee/?album=45569&photo=334459&order1=time&order2=added&page=6)*

▲ La piattaforma di artiglieria *"Wambola"*, appartenente al treno blindato n. 1 *"Kapten Irw"* (*https://kv-bear.livejournal.com*)

▼ La piattaforma di artiglieria *"Pisuhänd"*, appartenente al treno blindato n. 1 *"Kapten Irw"* armata con due cannoni da campo da 76 mm (*https://kv-bear.livejournal.com*)

▲ Il vagone armato di mitragliatrici appartenente al treno blindato n. 1 *"Kapten Irw"* (*http://estonia-paradise-of-the-north. blogspot.com/2018/02/the-role-of-armoured-trains-during.html*)

▼ La piattaforma di artiglieria *"Wambola"* appartenente al treno blindato a scartamento largo n. 1 *"Kapten Irw"* (*www. facebook.com/soomusrong/photos/laiaroopmelise-soomusrongi-nr-1-kapten-irw-suurtukiplatvorm-pisuhand-plat-vorm-eh/2579629828756837*)

▲ La piattaforma di artiglieria *"UKU"* appartenente al treno blindato a scartamento largo n. 2 *(http://vesture.eu/Attēls:Soo-musrong_Nr2_Uku.jpg)*

▼ La piattaforma di artiglieria *"KALEW"*, appartenente al treno blindato n. 2 *(https://kv-bear.livejournal.com)*

▲ La piattaforma di artiglieria *"SEPP WILLU"* appartenente al treno blindato a scartamento largo n. 2 *(https://www.muis.ee/museaalView/3405298)*

▼ La piattaforma di artiglieria *"ONU TOM"*, appartenente al treno blindato n. 3 *(https://kv-bear.livejournal.com)*

▲ La piattaforma di artiglieria *"TONT"*, appartenente al treno blindato n. 3 *(https://kv-bear.livejournal.com)*

▼ Il treno blindato n. 3 alla stazione ferroviaria di Võru, in primo piano la piattaforma di artiglieria *"ONU TOM"* *(https://www.muis.ee/museaalView/3867945)*

▲ La piattaforma di artiglieria *“PIKKER”*, appartenente al treno blindato n. 4 *(https://kv-bear.livejournal.com)*

▼ La piattaforma di artiglieria *“WOITLEIA”*, appartenente al treno blindato n. 5 *“LEMBITU”* *(http://vesture.eu/Igaunijas_armijas_bruņuvilcieni)*

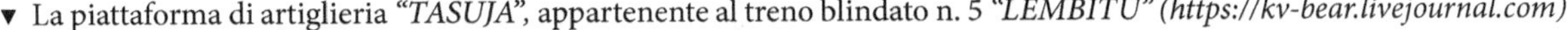

▲ La piattaforma di artiglieria *"TOLL"*, appartenente al treno blindato n. 4 *(https://kv-bear.livejournal.com)*

▼ La piattaforma di artiglieria *"TASUJA"*, appartenente al treno blindato n. 5 *"LEMBITU" (https://kv-bear.livejournal.com)*

▲ La piattaforma di artiglieria *"Tommi"*, appartenente al treno blindato n. 6, armata con un cannone da 57 mm *(https://web.archive.org/web/20190908135728/http://vesture.eu)*

▼ La piattaforma di artiglieria *"Rummu Jüri"*, appartenente al treno blindato n. 6, armata con un cannone da campo da 76 mm *(https://web.archive.org/web/20190908135728/http://vesture.eu)*

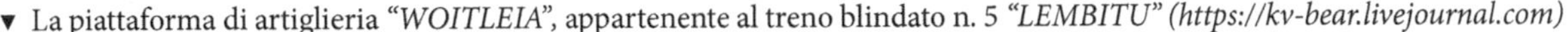

▲ La piattaforma di artiglieria *"TASUJA"* appartenente al treno blindato a scartamento largo n. 5 *(https://www.muis.ee/museaalView/3867948)*

▼ La piattaforma di artiglieria *"WOITLEIA"*, appartenente al treno blindato n. 5 *"LEMBITU"* *(https://kv-bear.livejournal.com)*

La piattaforma di artiglieria del treno blindato a scartamento largo n. 2 (*https://www.muis.ee/museaalView/3535778*)

La piattaforma di artiglieria "*KOU*", appartenente al treno blindato n. 4 (*www.tapamuuseum.ee/ajalugu/soomusrongirugement*)

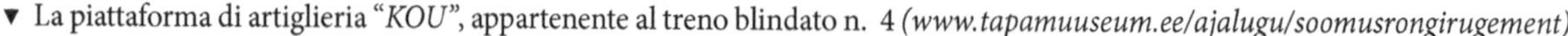

▲ La piattaforma di artiglieria *"Tenente Sabolotnõi Kartetsch"*, appartenente al treno blindato n. 2, armato con un cannone britannico da 120 mm *(https://web.archive.org/web/20190908135728/http://vesture.eu)*

▼ La piattaforma di artiglieria appartenente al treno blindato a scartamento largo n. 5 alla stazione ferroviaria di Pskov nell'agosto 1919 *(www.tapamuuseum.ee/ajalugu/soomusrongirugement)*

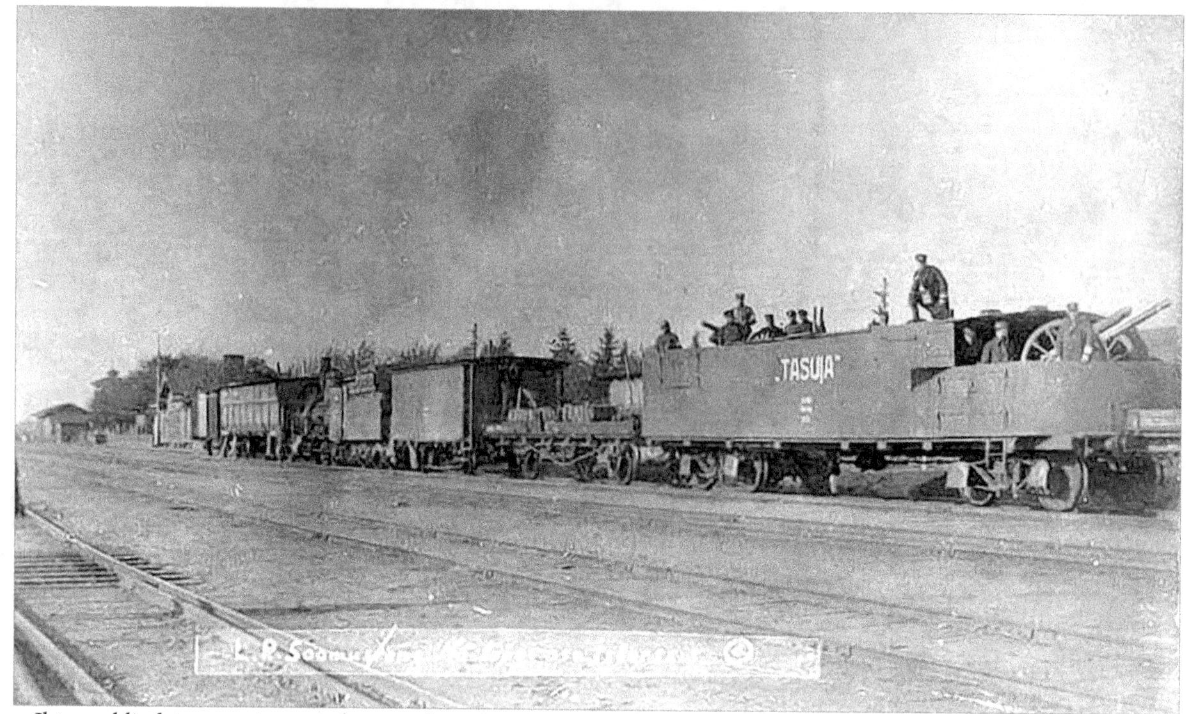

▲ Il treno blindato a scartamento largo n. 5 con in primo piano la piattaforma di artiglieria *"TASUJA" (http://vesture.eu/Attēls:Soomusrong_5_Tasuja.jpg)*

▼ La piattaforma di artiglieria *"Tõll"*, armata con un cannone Krupp da 105 mm, in servizio nel treno blindato n. 4. *(http://vesture.eu/Igaunijas_armijas_bruņuvilcieni)*

▲ La piattaforma ferroviaria con cannone navale da 130 mm utilizzata durante il bombardamento di Pskov *(http://www.eestikirik.ee/soomusrongiga-vabadussojas/)*

▼ La piattaforma di artiglieria *"Lennuk"* appartenente al treno blindato a scartamento largo n. 5 intenta a bombardare il maniero di Orava *(https://www.europeana.eu/en/item/08618/602705)*

▲ La bandiera del 1° Reggimento di treni corazzati donata dalla città di Tapa e consegnata il 2 dicembre 1928 a Tapa *(https://www.kvak.ee/veebinaitus-eesti-kaitsevae-ja-vaeosade-lippude-ajalugu/)*

▼ La bandiera del 2° Reggimento di treni corazzati donata dalla città e contea di Valga e dalla Valga Eesti Naisselts (Società delle donne estoni di Valga). La cerimonia di consegna della bandiera avvenne il 16 dicembre 1928 *(https://www.kvak.ee/veebinaitus-eesti-kaitsevae-ja-vaeosade-lippude-ajalugu/)*

▲ La caserma del 1. *Soomusrongirügement* a Tapa, a sinistra la caserma dell'equipaggio del treno blindato *"Kapten Irv"*, a destra la caserma dell'equipaggio del treno blindato n. 3, al centro un edificio cinematografico-sportivo e una mensa del 1931 *(https://commons.wikimedia.org/wiki/File:1._Soomusrongirug_kasarmud.jpg?uselang=ru)*

▼ La piattaforma di artiglieria *"KALEW"* appartenente al treno blindato n. 2 *(https://www.muis.ee/museaalView/2387603)*

▲ Truppe da sbarco appartenenti al treno blindato a scartamento largo n. 1 *"Kapten Irv"* *(http://www.ra.ee/apps/fotis/index.php/en/photo/view?id=663690&_xr=5c65fa4bc9ab6)*

▼ L'equipaggio del treno blindato a scartamento largo n. 6 intento alla pulizia delle mitragliatrici nella stazione di Karula *(http://www.ra.ee/apps/fotis/index.php/et/photo/view?id=273283&_xr=604f29920f928)*

▲ Il treno blindato a scartamento largo n. 1 *"Kapten Irv"* con in primo piano la piattaforma di artiglieria *"Pisuhänd"* nel 1919 *(https://novaator.err.ee/880493/ajaloolane-vabadussojas-olid-ka-kodusoja-elemendid-olemas)*

▼ L'interno di un vagone blindato armato con mitragliatrici appartenente ad un treno blindato *(https://lood.files.wordpress. com/2008/01/soomusrong15.jpg)*

▲ La piattaforma di artiglieria di un treno blindato a scartamento ridotto, da notare sul tetto la torretta girevole armata con una mitragliatrice Lewis *(https://www.muis.ee/museaalView/1762925)*

▼ Il treno blindato a scartamento largo n. 5 nel 1919 *(https://ajapaik.ee/?album=45569&photo=350210&order1=time&order2=added&page=3)*

▲ Vagone ufficiali del treno blindato a scartamento largo n. 1 "*Kapten Irv*" a metà anni '30 *(www.tapamuuseum.ee/ajalu-gu/soomusrongirugement/)*

▼ Ufficiali estoni e lettoni alla stazione di Cēsis accanto al treno armato estone utilizzato durante la battaglia per la conquista della località il 6 giugno 1919 *(https://vk.com/photo-67960505_341603572)*

▲ La piattaforma di artiglieria del treno blindato a scartamento largo n. 2 con il suo equipaggio in caserma *(www.tapa-muuseum.ee/ajalugu/soomusrongirugement/)*

▼ La piattaforma di artiglieria *"HÄVITAJA"* appartenente al treno blindato a scartamento largo n. n. 1 *"Kapten Irv"* nel 1930 *(www.tapamuuseum.ee/ajalugu/soomusrongirugement/)*

▲ Targa in bronzo posata sulla facciata della stazione di Tapa nel 1939 in ricordo della liberazione della città nel gennaio del 1919 da parte dei treni blindati *(www.tapamuuseum.ee/ajalugu/soomusrongirugement/)*

▼ Il treno blindato a scartamento largo n. 5 *(www.tapamuuseum.ee/ajalugu/soomusrongirugement/)*

▲ Vagone mitragliatrice corazzato del treno blindato a scartamento ridotto n. 2 *(http://jalutuskaikajas.blogspot.com/2019/01/kitsaroopmeline-soomusrong-nr-2.html)*

▼ Ufficiali in servizio al treno blindato a scartamento largo n. n. 1 *"Kapten Irv"* davanti alla piattaforma di artiglieria *"HÄV-ITAJA" (www.tapamuuseum.ee/ajalugu/soomusrongirugement/)*

▲ Il treno blindato a scartamento ridotto n. 2 nel marzo 1920 con in primo piano la piattaforma di artiglieria *(http:// jalutuskaikajas.blogspot.com/2019/01/kitsaroopmeline-soomusrong-nr-2.html)*

▼ Il treno blindato a scartamento largo n. 2 transita, il 18 aprile 1919, sul nuovo ponte ferroviario, lungo 27 metri, costrui- to in cinque giorni dal personale dei treni di riparazione sul fiume Pljussa (https://www.facebook.com/soomusrong/photos /a.1823210527732108/2287035688016254)

▲ Il treno blindato a scartamento ridotto n.3 a Mõisaküla *(https://www.muis.ee/museaalView/3405301)*

▼ Carro mitragliatrici armato con Maxim cal. 7,92 mm appartenente al treno blindato a scartamento largo n. 2 *(da: LIETU-VOS KARIUOMENĖS ŠARVUOTIEJI TRAUKINIAI 1920–1935 M.-op. cit. in bibliografia)*

▲ L'unica donna soldato estone in servizio negli equipaggi dei treni blindati durante la Guerra d'Indipendenza, nel LRSR n. 1 *"Kapten Irv"* (*http://foorum.rindeleht.ee/viewtopic.php?t=6051*)

▲ Il capitano Johan Pitka osserva il campo di battaglia in piedi sulla scudatura di un cannone di una piattaforma di artiglieria di un treno blindato *(https://www.muis.ee/museaalview/2829078)*

▼ Un treno blindato estone in sosta nella stazione di Alūksne nel 1919 *(www.aluksnespils.lv/lv/mosaic/19/brunuvilcieni)*

TRENI BLINDATI DELLA LETTONIA

dipendenza combattuta dai treni blindati.

Il nuovo governo della Lettonia, nato a seguito della dichiarazione d'indipendenza del 18 novembre 1918, per contrastare l'avanzata dell'Armata Rossa poteva contare su poche centinaia di soldati addestrati, dotati di poche armi leggere, pochi cannoni e nessun mezzo blindato. Fu solo nell'estate del 1919 che, grazie ai mezzi abbandonati dai reparti bolscevichi prima e dalle truppe tedesche successivamente, il *Latvijas Sauszemes spēki* (Esercito Lettone) riuscì a dotarsi di alcune autoblindo e di un treno blindato.

La presenza di una discreta rete ferroviaria venne sfruttata notevolmente dall'Armata Rossa e dai reparti al comando del generale Bermont durante il conflitto in Lettonia. Anche l'Esercito Lettone, non appena riuscì ad entrarne in possesso, li utilizzo proficuamente, utilizzandoli sia nella difesa della capitale sia nelle successive offensive che liberarono il territorio. Il treno blindato venne considerato non solo un efficace mezzo da combattimento, ma anche un sicuro deposito mobile per il trasporto di uomini e materiali, senza contare come, con la sua presenza, contribuisse ad incrementare notevolmente la fiducia dei soldati impegnati in battaglia.

In totale furono sei i treni blindati entrati in servizio nel *Latvijas Sauszemes spēki*, tutti contribuirono efficacemente con le loro azioni alla vittoria finale.

I Latvijas bruņotais vilciens

La costruzione del primo treno blindato era iniziata presso le officine ferroviarie di Šķirotava, a Riga, il 3 gennaio 1919 e terminata nel mese di maggio, quando entrò ufficialmente in servizio nell'esercito lettone sovietico – LSPR[12].

Il treno blindato era composto da:

- 1 locomotiva parzialmente blindata (due locomotive dal marzo 1920)
- 4 carri blindati a due assi
- 9 carri merci a due assi
- 2 carrozze passeggeri a due assi
- 1 carro da cucina
- 2 piattaforme a quattro assi.

Armamento iniziale:

- 1 obice 77 mm
- 1 cannone da 37 mm a cinque canne
- 1 cannone navale 88 mm
- 10 mitragliatrici (16 mitragliatrici dal marzo 1920)
- 2 cannoni da 76,2 mm in torri girevoli (dal marzo 1920)

La locomotiva era blindata nelle parti più sensibili e nella cabina di guida, i quattro carri mitragliatrici erano blindati con assi di legno con una intercapedine riempita di sabbia e con i tetti rivestiti di piastre di ferro, le due piattaforme d'artiglieria erano rivestite con piastre di ferro. Il treno blindato era dotato di un sistema di comunicazione interna.

---

12 La Repubblica Socialista Sovietica di Lettonia (*Latvijas Sociālistiskā Padomju Republika*, LSPR) fu uno Stato bolscevico fondato nel 1918 nei territori della Lettonia occupati da parte dell'Armata Rossa.

Il treno blindato prese parte ad alcuni scontri contro la Guardia Nazionale Lettone sulle linee ferroviarie Jelgava-Riga. Il 22 maggio il treno blindato venne catturato dai reparti della *Eiserne Division* tedesca presso la stazione di Šķirotava a Riga. Sotto comando tedesco prese parte alle battaglie di Cēsis, rientrando a Riga il 23 giugno dopo aver contribuito a coprire la ritirata della Divisione sconfitta. Venne quindi consegnato ai reparti appartenenti all'Armata Bianca al comando del colonnello Virgoličs nella seconda metà di giugno. Il colonnello Virgoličs nominò il capitano lettone Jānis Lavenieks comandante del treno blindato.

Ai primi di luglio venne ordinato al treno blindato di trasferirsi verso Narva, abbandonando quindi la Lettonia, per appoggiare l'Armata Bianca del generale Judenič. Il capitano Lavenieks, che nel frattempo aveva segretamente contattato il comandante della 1ª Divisione dell'esercito lettone circa la possibilità di disertare e consegnare il treno blindato al governo provvisorio della Lettonia, il 22 luglio 1919, a seguito degli accordi intercorsi, consegnò il treno blindato al *Latvijas Sauszemes spēki*.

Il treno blindato entrò immediatamente in servizio nel *Latvijas Sauszemes spēki* pronto al combattimento, venendo ribattezzato *I Latvijas bruņotais vilciens* (Treno armato lettone n. 1). Come primo comandante, il 1 ° agosto, venne nominato il capitano Lavenieks.

Il treno blindato venne inviato a Krustpils dove, agli ordini del comandante del 1° Reggimento di fanteria *Valmiera*, prese parte alle battaglie contro i bolscevichi nei distretti di Līvāni e Jaunmuiža.

Dopo aver partecipato alla battaglia per la conquista della stazione ferroviaria di Trepe, a fine agosto venne schierato nelle vicinanze della stazione ferroviaria di Olaine-Baloži, dove l'8 ottobre subì una attacco da parte di aerei appartenenti alle truppe del generale Bermont che causò numerosi feriti all'equipaggio, compreso il comandante Lavenieks. A partire dalla notte del 9 ottobre, contribuì efficacemente, con il fuoco dei suoi cannoni, all'offensiva che portò alla conquista di Torņakalns e, successivamente, del maniero di Tīriņi e di Katrīna.

Il 16 ottobre il treno blindato effettuò il trasferimento da Ikšķile a Skrīveri e, il 19 ottobre, prese parte alla battaglia di Jaunjelgava. Durante la battaglia emerse la necessità di effettuare dei tiri con il cannone da 77 mm in direzione di una zona di Jaunjelgava dove, a causa dello scarso brandeggio del cannone sulla piattaforma, non era possibile sparare. Per risolvere la situazione il cannone venne sbarcato dalla piattaforma di artiglieria e utilizzato come un comune cannone da campagna, contribuendo con il suo fuoco a sostenere l'attacco per la conquista del ponte. Nell'occasione emerse anche la scarsa utilità del cannone da 37 mm, che era si in grado di sparare sui 360°, ma a causa della scarsa gittata era adatto solo per il combattimento ravvicinato.

Il 15 novembre, su ordine del Comandante in Capo dell'Esercito Lettone, il *I Latvijas bruņotais vilciens* venne trasferito al fronte nord. A fine novembre partecipò all'inseguimento delle truppe del generale Bermont, contribuendo alla liberazione della stazione ferroviaria di Reņģe e della città di Laižuva in Lituania. Nel dicembre 1919 venne inviato nuovamente sul fronte orientale, dove partecipò alle battaglie per la liberazione della regione di Latgale. Il 9 gennaio 1920 iniziarono i combattimenti per la liberazione dell'area settentrionale di Latgale, il treno blindato cooperò con i reparti di fanteria e partigiani presenti. Il 29 gennaio arrivò a Ludza, dove riparò i binari sabotati dai bolscevichi, per poi contribuire con il fuoco delle sue artiglierie alla liberazione del villaggio di Greshnaya Gora.

Nel marzo 1920 l'armamento in dotazione al *I Latvijas bruņotais vilciens* venne integrato con ulteriori 6 mitragliatrici e con due cannoni da 76,2 mm installati in torrette girevoli.

Il 1 aprile 1920 il *I Latvijas bruņotais vilciens* entrò a far parte integrante della neocostituita Divisione Treni Armati.

A seguito della firma del trattato di pace nell'agosto 1920, il *I Latvijas bruņotais vilciens* venne utilizzato per trasportare inizialmente prigionieri da Zilupe a Rēzekne e successivamente rifugiati di ritorno dalla Russia, per poi essere accasermato a Riga.

II Latvijas bruņotais vilciens "Komunistu iznīcinātājs"

Il Comando del 1° Reggimento di fanteria *Valmeira*, nel giugno 1919, diede l'ordine al capitano P. Ronis, comandante dell'8ª Compagnia, di predisporre i piani per la costruzione di un treno blindato che avrebbe dovuto supportare l'azione del Reggimento. Nella stazione di Krustpils vennero recuperati presso le officine ferroviarie alcuni vagoni frigorifero e una locomotiva, che servirono da base per la costruzione del treno blindato, iniziata l'8 giugno sotto la direzione del capitano Ronis.

Il treno blindato, il secondo ad entrare in servizio nell'esercito lettone, era composto da:
- 1 locomotiva blindata
- 4 carri blindati a due assi (un altro carro blindato dotato di torretta girevole nell'agosto 1919)

Armamento iniziale:
- 1 obice Vickers Ordnance QF 4,5 in da 114,3 mm
- 9 mitragliatrici

Tra luglio e agosto venne dotato anche di un obice da 105 mm

La locomotiva era rivestita con piastre di ferro che riparavano la cabina di guida e la caldaia, mentre nei vagoni erano state installate paratie di legno riempite con sabbia, per aumentare la protezione dei soldati all'interno del vagone, e portelli per le mitragliatrici, i fucili e l'osservazione. Aveva una locomotiva corazzata con due veicoli corazzati e dall'agosto 1920 un terzo veicolo corazzato con un cannone incorporato nella torre rotante. Il treno blindato era dotato di un sistema di comunicazione interna.

Il suo primo impiego operativo avvenne il 16 giugno presso la stazione di Trepe, quando, durante un conflitto a fuoco, sconfisse il treno corazzato dell'Armata Rossa *"Истребитель Буржуазии"* (Sterminatore della borghesia) costringendolo alla fuga. A seguito di questa vittoria il treno blindato venne denominato *II Latvijas bruņotais vilciens "Komunistu iznīcinātājs"* (Treno armato lettone n. 2 "Distruttore di comunisti").

Dopo essere stato dotato di un nuovo carro blindato, con torretta girevole armata con un obice da 105 mm, nell'agosto il *"Komunistu iznīcinātājs"* prese parte ai combattimenti per la liberazione della cittadina di Atašiene, mentre a settembre appoggiò i reparti lettoni durante le battaglie di Līvāni e Jersika. Durante la guerra contro le truppe del generale Bermont, la cosiddetta Bermontiade, a partire dal 9 ottobre, eseguendo gli ordini impartiti dal Governo provvisorio della Lettonia, il treno blindato svolse il compito di proteggere la ritirata delle forze armate lettoni attraverso i ponti del Daugava a Riga. Nell'occasione emerse uno dei limiti principali del *"Komunistu iznīcinātājs"*, tra l'altro già evidenziato anche sul *I Latvijas bruņotais vilciens*, ossia lo scarso brandeggio dei cannoni installati sui carri blindati, che non superava i 35° dall'asse del carro. Il treno era quindi costretto a manovrare continuamente presso lo snodo di Riga, dove poteva così rimettersi in movimento verso la migliore direzione di tiro. Tutte queste manovre portavano ad una notevole perdita di tempo, con conseguente minore presenza sul campo di battaglia a supporto della fanteria.

Dopo che la mattina del 10 ottobre le truppe lettoni avevano attraversato il Daugava portandosi sulla riva destra, il *"Komunistu iznīcinātājs"* contribuì con la propria artiglieria a tutte le offensive effettuate dai difensori di Riga, coadiuvato nel compito anche dai treni blindati estoni.

A seguito del rientro in patria dei treni blindati estoni, avvenuto nella seconda metà del mese di ottobre, i compiti attribuiti al *"Komunistu iznīcinātājs"* aumentarono notevolmente. La mattina del 5 novembre, durante l'attacco al ponte Bulduri, mentre coordinava il fuoco di protezione agli esploratori che stavano rientrando dall'azione, il capitano Ronis, comandante del treno blindato, rimase ucciso.

In sostituzione del capitano Ronis venne nominato nuovo comandante del *"Komunistu iznīcinātājs"* il tenente anziano J. Klavins. Seguendo le indicazioni degli osservatori appostati sulle torri della Svētā Pētera Evaņģeliski luteriskā baznīca (Chiesa evangelica luterana di San Pietro), le artiglierie del treno blindato spararono con successo contro le posizioni nemiche situate a Torņakalns.

Terminato il ciclo operativo inerente la città di Riga con la liberazione della regione, il *"Komunistu iznīcinātājs"* nel dicembre 1919 venne nuovamente inviato nella regione del Latgale, dove il 4 gennaio 1920 ebbe alcuni scontri con il treno blindato dell'Armata Rossa *3-й Интернационал* (3ª Internazionale). Il 16 gennaio appoggiò con il fuoco delle sue artiglierie il Reggimento partigiano *Latgale* durante la battaglia per la conquista della cittadina di Pitalova. Venne quindi impiegato nelle battaglie nei distretti di Atašiene, Vilani, Kuprava, Kārsava, Rītupe, Jaunlatgale e Drisa fino alla firma dell'armistizio.

Con la costituzione della Divisione Treni Armati il 1° aprile 1920, anche il *II Latvijas bruņotais vilciens "Komunistu iznīcinātājs"* ne entrò a far parte. Nel mese di agosto venne schierato a Riga per poi essere trasferito a fine novembre, per un breve periodo, a Liepāja con il compito di rafforzare la locale guarnigione.

III Latvijas bruņotais vilciens

Con l'inizio del conflitto contro le truppe del generale Bermont, emerse la necessità, verificate le buone prestazioni del *I Latvijas bruņotais vilciens* e del *II Latvijas bruņotais vilciens "Komunistu iznīcinātājs"*, di avere a disposizione ulteriori treni blindati. Vennero quindi diramate disposizioni per la costruzioni di ulteriori treni blindati, da effettuarsi presso le officine ferroviarie del deposito della stazione di Zīlāni.

Il *III Latvijas bruņotais vilciens* (Treno armato lettone n. 3) venne costruito presso le officine ferroviarie del deposito della stazione di Zīlāni nell'ottobre 1919, i lavori furono coordinati dal capitano A. Paulockis.

Il treno blindato era composto da:

- 1 locomotiva parzialmente blindata
- 3 carri blindati

Armamento:

- 1 cannone da 77 mm
- 1 obice da 105 mm
- 6 mitragliatrici

La locomotiva era protetta nelle parti maggiormente delicate con piastre di ferro, i tre carri erano rivestiti con una doppia parete in legno al cui interno erano inserite delle piastre metalliche da 6 mm. Il treno blindato era dotato di un sistema di comunicazione interna.

Al comando del capitano Paulockis il *III Latvijas bruņotais vilciens* prese parte al suo primo combattimento contro i bermontiani il 2 novembre, nei pressi della cittadina di Olaine, nella regione di Vidzeme. Il 17 novembre venne trasferito a Krustpils, nel Latgale, in previsione dell'offensiva per la liberazione della regione dai bolscevichi. Il 9 dicembre venne inviato a supporto del 2° Battaglione del Reggimento *Ventspils* presso la stazione di Atašiene. Ai primi di gennaio del 1920 raggiunse la stazione di Livanos, a supporto dei Reggimenti di fanteria *Rēzekne* e *Jelgava*. Il 10 gennaio 1920, presso la stazione di Višķi, il *III Latvijas bruņotais vilciens* si scontrò con due treni blindati dell'Armata Rossa, *Ленин* (Lenin) e *Смерть или победа* (Morte o Vittoria), costringendoli alla ritirata dopo un duro scambio di artiglieria. Dopo essersi allontanati di mezzo chilometro, i treni sovietici aprirono nuovamente il fuoco con l'artiglieria e le mitragliatrici contro il *III Latvijas bruņotais vilciens,* che rispose prontamente colpendo uno dei due treni nemici che furono così costretti a ritirarsi.

La ritirata dei treni blindati nemici consentì ad un reparto di baltici-tedeschi di conquistare Balbišis. Poco dopo, proveniente da Rēzekne, giunse un altro treno blindato russo che attaccò immediatamente il *III Latvijas bruņotais vilciens,* ma, controbattuto con successo, venne anchesso costretto a ritirarsi. Tra il 10 e il 13 gennaio il *III Latvijas bruņotais vilciens* venne inviato in supporto ai reparti dell'esercito polacco impegnati sul fronte meridionale del Latgale, contribuendo con il fuoco dei suoi cannoni alla distruzione di un quartier generale del nemico schierato a Baufališkės, oltre a partecipare alla liberazione della stazione di Rušonu e a costringere alla ritirata il treno blindato dell'Armata Rossa *Смерть или победа* (Morte o Vittoria), grazie ad alcuni colpi di artiglieria che centrarono il treno danneggiandolo.

Operando sulla linea ferroviaria Daugavpils-Rēzekne a supporto dei reparti di fanteria lettone, tra il 20 e il 21 gennaio il *III Latvijas bruņotais vilciens* partecipò alla liberazione di Rēzekne, appoggiando con il fuoco dei cannoni e delle mitragliatrici gli attacchi della fanteria che sconfissero i bolscevichi costringendoli alla ritirata.

Nel mese di febbraio il tenente anziano K. Riters sostituì il capitano Paulockis al comando del *III Latvijas bruņotais vilciens.* Il 27 aprile, durante il ciclo operativo che portò alla liberazione del North Latgale, durante l'attacco portato da reparti dell'Armata Rossa alla stazione ferroviaria di Rīlupe il tenente Riters venne ucciso. Il tenente senior K. Liberts venne nominato comandante del *III Latvijas bruņotais vilciens* in sostituzione del tenente Riters.

Con la costituzione della Divisione Treni Armati in data 1 febbraio 1920, anche il *III Latvijas bruņotais vilciens* ne entrò a far parte.

Dopo la firma del trattato di pace dell'11.08.1920, il *III Latvijas bruņotais vilciens* venne utilizzato inizialmente per trasportare prigionieri da Zilupe a Rēzekne, successivamente per trasportare rifiugiati che rientravano dalla Russia.

Terminata l'attività di trasporto rifiugati, alla fine di ottobre 1920 il *III Latvijas bruņotais vilciens* venne schierato a Riga, per poi essere inviato a Daugavpils, con il compito di rafforzare la locale guarnigione, nel successivo mese di novembre. Al comando del *III Latvijas bruņotais vilciens* venne assegnato il tenente senior E. Vanags.

IV Latvijas bruņotais vilciens

Il 20 novembre 1920, durante il ciclo operativo per la liberazione della Jelgava, nel tratto della ferrovia Jelgava-Tukums nei pressi dell'incrocio tra la ferrovia e l'autostrada Dobele nelle vicinanze della località di Griva, una compagnia appartenente al 7° Reggimento di Fanteria *Sigulda* sabotò la linea ferroviaria svitando i bulloni delle rotaie che in quel tratto erano posate su un terrapieno. Un treno blindato appartenente ai reparti del generale Bermont, in transito verso la linea del fronte, non si accorse del tratto sabotato e deragliò lungo il terrapieno, rimanendo danneggiato. Vista l'impossibilità di recuperare il treno danneggiato, sia per la mancanza di mezzi idonei al recupero, sia perchè sottoposti al fuoco della fanteria lettone, venne abbandonato dai bermontiani che si ritirarono verso le loro linee.

I reparti lettoni iniziarono immediatamente le operazioni di recupero del materiale catturato: una locomotiva, quattro carri blindati, due cannoni da 77 mm, due da 50 mm in torrette girevoli, due piattaforme contenenti attrezzature ferroviarie, rotaie e materiali per riparazioni. Nelle difficili operazioni di recupero furono coinvolti anche gli operai del vicino deposito ferroviario di Jelgava.

Effettuato il recupero, la locomotiva, che necessitava di importanti lavori di riparazione, i carri blindati e le piattaforme furono portate presso le officine del deposito ferroviario di Jelgava, dove i lavori di ripristino furono coordinati dal tenente Grīnbergs. Le armi vennero invece smontate e portate presso l'arsenale di Riga, dove furono rimesse in efficienza per poi ritornare a Jelgava per essere rimontate sui carri blinati. Contemporaneamente alla riparazione del materiale rotabile e delle armi, si procedette celermente alla formazione dell'equipaggio del treno blindato, in modo da poter dichiarare la piena operativa del mezzo nel più breve tempo possibile.

Il 14 dicembre 1919 il quarto treno blindato lettone entrava ufficialmente in servizio come *IV Latvijas bruņotais vilciens* (Treno armato lettone n. 4), al comando del quale venne assegnato il tenente anziano A.Krauklis.

Il treno blindato era composto da:

- 1 locomotiva parzialmente blindata
- 4 carri blindati (poi 6)

Armamento

- 2 cannoni da 77 mm
- 2 cannoni da 50 mm in torrette girevoli
- 6 mitragliatrici

La locomotiva era protetta nelle parti più sensibili con lastre in metallo, i quattro carri erano rivestiti con una doppia parete in legno con una intercapedine riempita di sabbia. Il treno blindato era dotato di un sistema di comunicazione interna. Pochi giorni prima di entrare ufficialmente in servizio, al *IV Latvijas bruņotais vilciens* vennero aggregati i due carri blindati, l'equipaggio, il materiale e l'armamento del *V Latvijas bruņotais vilciens "Kalpaks"* nel frattempo smantellato.

A partire dal 14 dicembre 1919 il *IV Latvijas bruņotais vilciens* rimase schierato come riserva del comandante in capo dell'esercito a Jelgava. Nel febbraio 1920 partecipò alle battaglie combattute per la liberazione del Latgale, operando lungo la ferrovia Jelgava-Krustpils, nelle aree di Izvalta, Indra e Bigosova fino alla fine delle ostilità. Il 4 marzo il tenente maggiore K. Liberts, ex comandante del *III Latvijas bruņotais vilciens*, venne nominato nuovo comandante del *IV Latvijas bruņotais vilciens*.

Il 1 aprile 1920 il *IV Latvijas bruņotais vilciens* entrò a far parte della Divisione Treni Armati e, terminate le ostilità, venne schierato a Riga.

V Latvijas bruņotais vilciens "Kalpaks"

L'offensiva delle forze del generale Bermont portò alla conquista di buona parte del territorio della Lettonia, costringendo il Governo Lettone a ritirarsi nella città di Liepāja. La difesa della città divenne quindi un obiettivo primario per l'Esercito lettone, che intraprese ogni iniziativa per potenziare i suoi reparti. Poichè Liepāja era servita da una efficiente rete ferroviaria, ed presente un deposito ferroviario, vennero immediatamente predisposti i piani operativi per la costruzione di un treno blindato. Sotto la guida dell'ingegnere Sproģis, il personale delle officine del deposito ferroviario di Liepāja costruì un treno blindato leggero utilizzando il poco materiale recuperato, mettendolo in grado di funzionare il 28 ottobre 1919.

Il treno blindato era composto da:

- 1 locomotiva parzialmente blindata
- 2 carri blindati a due assi
- 1 piattaforma

Armamento:

- 1 cannone navale da 77 mm

- 2 mitragliatrici

La locomotiva era parzialmente corazzata con piastre in ferro, mentre i due carri blindati avevano pareti in legno rivestite in lamiera, la piattaforma era disponibile per l'installazione di un cannone che però, al momento dell'entrata in servizio, non era presente. Il treno blindato era dotato di un sistema di comunicazione interna.

Immesso in servizio con il nome di *"Kalpaks"*, prese parte alle battaglie contro i Bermontani partecipando alla difesa di Liepaja nel novembre 1919, anche se inizialmente armato solo con i fucili in dotazione all'equipaggio.

Il 4 novembre iniziò l'attacco a Liepāja e anche il *"Kalpaks"* venne coinvolto nella battaglia difensiva, pur disponendo solo di fucili. Nei combattimenti sostenuti il tenente senior Alfred Kļestrovs, comandante del treno, e numerosi soldati persero la vita. Al comando del *"Kalpaks"* venne nominato il tenente senior J. Dobelis.

Preso atto delle difficoltà e delle carenze materiali presenti, la Marina britannica decise di sostenere le forze lettoni che difendevano Liepāja e prestarono, per potenziare l'armamento del *"Kalpaks"*, un cannone navale e due mitragliatrici, oltre a munizioni e fucili. Gli addetti al cannone navale installato sulla piattaforma erano marinai britannici.

Con l'installazione del cannone da 77 mm e delle due mitragliatrici, e con un veloce addestramento tenuto dai marinai britannici, finalmente il *"Kalpaks"* poteva essere dichiarato a tutti gli effetti un treno blindato leggero.

Il 14 novembre iniziò l'ultimo attacco delle forze fedeli al generale Bermont per la conquista della città di Liepaja. Il *"Kalpaks"* partecipò attivamente alla difesa di Liepaja, contribuendo con il suo fuoco alla ritirata dei bermontiani da Saulesmuiža e sostenendo le unità di fanteria nelle battaglie vicino alla fortezza di Liepāja Vidusforta. Il 24 novembre il treno blindato venne inviato Priekuli, con il compito di presidiare il ponte sul fiume Venta della ferrovia Liepāja-Romnu, quindi a Mažeikiai fino al 26 novembre, per poi fare rientro a Liepāja.

Il 30 novembre il tenente maggiore K.Liberts assunse il comando del *"Kalpaks"*. Il 2 dicembre venne assegnato alla 1ª Divisione armata e rinominato *V Latvijas bruņotais vilciens "Kalpaks"* (Treno armato lettone n. 5 *"Kalpaks"*). Pochi giorni dopo venne trasferito a Jelgava.

Nella prima metà di dicembre 1919 il *V Latvijas bruņotais vilciens "Kalpaks"* venne smantellato, l'equipaggio, i due vagoni blindati e parte del materiale e dell'armamento confluirono *IV Latvijas bruņotais vilciens*.

Šaursliežu bruņuvilciens "Pīkols"

Poichè anche in Lettonia erano presenti consistenti tratti di linee ferroviarie a scratamento ridotto, venne decisa la costruzione di un *Šaursliežu bruņuvilciens* (Treno blindato a scartamento ridotto) denominato *"Pīkols"*. Entrato in servizio prese parte ad alcuni combattimenti nelle vicinanze di Liepāja, rimanendo fino alla fine del conflitto nell'area per la protezione della regione del Basso Kurzeme. Non si hanno notizie certe sulla composizione del treno blindato, anche se normalmente tali mezzi erano composti da una locomotiva blindata nelle parti più delicate e in due/tre carri blindati armati con mitragliatrici.

Il 1 aprile 1920 anche il *Šaursliežu bruņuvilciens "Pīkols"* entrò a far parte della Divisione Treni Armati.

Latvijas armijas Bruņoto vilcienu divizions

Il 1° aprile 1920, a seguito della riorganizzazione della 1ª Divisione Armata, venne costituita la

Latvijas armijas Bruņoto vilcienu divizions (Divisione dei treni armati dell'esercito lettone), che riuniva al suo interno tutti i treni blindati al momento in servizio. La sede della Divisione era a Riga, mentre il suo comando fu affidato al tenente colonnello Jānis Lavenieks. I quattro treni blindati a scartamento largo, furono divisi operativamente sulla base dello scartamento delle linee ferroviarie presenti: sulla riva destra del Daugava (regioni del Vidzeme e del Latgale) dove lo scartamento dei binari corrispondeva allo standard dell'Impero russo 1524 mm, sulla riva sinistra (regioni del Kurzeme e dello Zemgale) dove lo scartamento dei binari corrispondeva allo standard europeo 1435 mm[13].

La *Latvijas armijas Bruņoto vilcienu divizions* era composta da:

- I *Latvijas bruņotais vilciens*
- II *Latvijas bruņotais vilciens "Komunistu iznīcinātājs"*
- III *Latvijas bruņotais vilciens*
- IV *Latvijas bruņotais vilciens*
- *Šaursliežu bruņuvilciens "Pīkols"*

Terminate le ostilità il *Šaursliežu bruņuvilciens "Pīkols"* venne smantellato e rimosso dall'organico della *Latvijas armijas Bruņoto vilcienu divizion*, nella Divisione rimasero in servizio solamente i quattro treni blindati a scartamento largo.

Nell'aprile 1921 la *Latvijas armijas Bruņoto vilcienu divizion* mise in atto una nuova riorganizzazione a seguito degli ordini esecutivi emanati dallo Stato Maggiore del *Latvijas Sauszemes spēki*. Furono mantenuti operativi solo il *I Latvijas bruņotais vilciens* e il *II Latvijas bruņotais vilciens "Komunistu iznīcinātājs"*, mentre il *III Latvijas bruņotais vilciens* e il *IV Latvijas bruņotais vilciens* furono messi in deposito, disponibili ad essere attivati solo in caso di guerra. Gli equipaggi dei due treni blindati vennero sistemati nella caserma della Cittadella ma, poiché lo spazio disponibile non era sufficiente, uffici, magazzini e locali destinati alle attività ricreative vennero allestiti nell'ex carcere "Guberņa", immobile che presentava problemi soprattutto per la carenza di servizi igienici. Alcune attività rimasero inizialmente presso la caserma di Via Karlīnes. I treni blindati vennero invece parcheggiati nei binari morti della stazione di Brasla, abbastanza lontana dalla sede della Divisione.

La rapida smobilitazione dei veterani della Guerra d'Indipendenza, portò ad una veloce perdita di prontezza operativa dei treni blindati, dovuta sia alla scarsa manutenzione di tutte le componenti dei convogli sia alle carenze al servizio di guardia. Inoltre, l'iniziale sistemazione delle reclute creò malumore tra i soldati e carenza nell'addestramento, creando problemi anche nella disciplina.

Fu necessario un duro intervento da parte dei vertici della Divisione per il ripristino della disciplina e dell'operatività dei convogli, migliorando le condizioni delle caserme, espellendo gli elementi non affidabili, compreso alcuni ufficiali, intensificando l'addestramento degli equipaggi e le esercitazioni di artiglieria[14]. In pochi mesi la situazione ritornò nella normalità e i *Bruņoto vilcienu* vennero dinuovo annoverati tra i reparti d'elite del *Latvijas Sauszemes spēki*.

Contemporaneamente agli equipaggi, vennero anche intrapresi i lavori per il potenziamento e la modernizzazione dei carri blindati e delle piattaforme di artiglieria.

---

13 Al termine della guerra in Lettonia erano presenti 5 linee ferroviarie aventi scartamento diverso, una con scartamento europeo da 1435 mm, una con scartamento russo da 1524 mm, e tre linee a scartamento ridotto da 1000 mm, 750 mm e 600 mm.

14 La troppo rapida smobilitazione del personale dei treni blindati, portò ad una grave carenza di ufficiali e sottufficiali esperti in grado di amalgamare le nuove reclute e formare i nuovi equipaggi. Tali carenze si manifestarono soprattutto con gli addetti alle artiglierie, dove erano carenti anche i sussidi didattici. Le esercitazioni di tiro, svolte presso il campo di addestramento di Daugavpils a giugno, mostrarono pesanti lacune nell'addestramento, oltre ad evidenziare problemi nella disciplina e nell'organizzazione del reparto. Sotto il comando diretto del Comandante della Divisione furono attuati dei correttivi che, in pochi mesi, consentirono un netto miglioramento dell'addestramento degli artiglieri, grazie anche all'inserimento nei ranghi di giovani ufficiali di artiglieria provenienti dalla Scuola Militare.

Latvijas Bruņoto vilcienu pulks

Il 1° luglio 1926, la *Latvijas armijas Bruņoto vilcienu divizions* fu rinominata *Latvijas Bruņoto vilcienu pulks* (Reggimento di treni armati lettoni), al comando del quale venne confermato colonnello Jānis Lavenieks.

Nel settembre 1939 il *Latvijas Bruņoto vilcienu pulks* era composto da:

- *I Latvijas bruņotais vilciens*
- *II Latvijas bruņotais vilciens "Komunistu iznīcinātājs"*
- 2 batterie artiglieria ferroviaria

Il personale in servizio consisteva in: 28 ufficiali, 206 sottufficiali, graduati e soldati, 9 civili
Ogni treno blindato era costituito da:

- 1 locomotiva blindata
- 4 piattaforme blindate a due assi
- 1 piattaforma blindata a quattro assi
- vari vagoni a seconda delle necessità operative

Erano presenti 14 cannoni di vario calibro, alcuni con scarsa quantità di munizioni.

I treni blindati *III Latvijas bruņotais vilciens* e *IV Latvijas bruņotais vilciens* rimanevano in deposito a disposizione per un eventuale ritorno in servizio in caso di guerra.

Il 3 febbraio 1940 il *Latvijas Bruņoto vilcienu pulks* venne sciolto, i due treni blindati conservati nei depositi vennero smantellati, i cannoni recuperati furono consegnati alle Unità di Artiglieria Costiera, mentre il materiale rotabile probabilmente venne lasciato nei depositi.

L'invasione sovietica del 1940

Dopo l'occupazione della Lettonia da parte dell'Unione Sovietica nel 1940, i due treni blindati rimasti, nel frattempo rinominati NQ 1 e NQ 2, vennero presi in consegna dall'Armata Rossa, con gli equipaggi lettoni sostituiti da equipaggi sovietici, ed inseriti nella 10ª Divisione separata di artiglieria ferroviaria della flotta baltica.

Con lo scoppio della II Guerra Mondiale i treni blindati NQ 1 e NQ 2 parteciparono, nelle file dell'Armata Rossa, alle battaglie a partire dalla fine di giugno 1941, inizialmente lungo la ferrovia Jelgava-Glūda-Liepāja e successivamente nell'area di Leningrado.

Alcune piattaforme e locomotive dei treni blindati lettoni NQ 1 e NQ 2 risultano essere stati in

▲ Il colonnello Jānis Lavenieks, comandante del Bruņoto vilcienu pulks, durante una cerimonia presso la sede del Reggimento treni armati a metà degli anni '30 *(https://vk.com/photo-67960505_456240850)*

▼ Sullo sfondo del cannone Canet da 152 mm, davanti alla bandiera del Reggimento treni armati, si celebra la cerimonia del giuramento delle reclute nel 1930 *(https://vesture.eu/Attels:11.jpg)*

▲ Un cannone navale Canet 152 mm 45 calibri, in servizio su una piattaforma ferroviaria dell'artiglieria costiera , durante una cerimonia *(https://vesture.eu/Attels:Latvijas_brunuvilciens_3.jpg)*

▼ Il treno blindato n. 2 in movimento nel 1919 *(https://vesture.eu/Attels:II_Brunju_vilciens.JPG)*

▲ La piattaforma di artiglieria del treno blindato n. 4 armata con un obice tedesco da 105 mm nel 1919 *(www.dveselupu-tenis.lv/lv/laika-skala/notikums/109/nodibinata-ziemellatvijas-brigade)*

▼ Il treno blindato n. 3 sul binario del campo militare della stazione di Cietokšņa, a 2,2 km da Daugavpils, negli anni '30 *(https://vesture.eu/Attels:Cietoksnis_station.jpg)*

▲ Fuoco con un cannone FK16 7,7 cm Feldkanone M. 16 in servizio su una piattaforma di artiglieria del treno blindato n. 1 nel marzo 1920 *(https://vesture.eu/Attels:Latvijas_brunuvilciens_11.jpg)*

▼ La piattaforma di artiglieria di un treno blindato dotata di obice tedesco 10,5 cm leichte Feldhaubitze M. 16 meglio conosciuto come leFH 16 *(https://vesture.eu/Attels:Latvijas_brunuvilciens_9.jpg)*

▲ Ufficiali del quartier generale del reggimento di treni blindati prima del suo scioglimento nell'inverno 1940 *(https://vk.com/photo-67960505_341606953)*

▼ La piattaforma di artiglieria *"Blindirovanov"* del treno blindato n. 1 nell'ottobre 1919 a Riga durante la guerra contro le truppe dell'armata dei Bermontiani *(https://vesture.eu/Attels:Brunuvilciens_Nr1_Bermontiade.jpg)*

▲ Un cannone navale Canet 152 mm 45 calibri in servizio su una piattaforma di artiglieria del treno blindato n. 2 *(https:// vesture.eu/Attels:Latvijas_brunuvilciens_7.jpg)*

▲ Treno blindato durante una esercitazione nel 1930, in primo piano 2 piattaforme corazzate a due assi con obici britannici da 83 mm *(https://vesture.eu/Attels:Latvijas_brunuvilciens_8.jpg)*

▼ La locomotiva blindata dell'ex treno blindato n. 2 lettone catturata dai sovietici e da loro utilizzata per trainare il treno armato n. 7 *"Baltietis"* nel 1942 *(https://vesture.eu/Brunotais_vilciens_Nr2)*

▲ La squadra mitraglieri di un treno blindato a Latgale nel 1920, da notare i tre tipi diversi di mitragliatrice in servizio (*https://vk.com/photo-67960505_341604829*)

▲ Il treno blindato n. 2 *"Komunistu iznicinātājs"* in marcia durante un'esercitazione negli anni '30 *(https://vesture.eu/ Attels:Latvijas_brunuvilciens_2.jpg)*

▼ Treno blindato lettone n. 4, ottenuto a seguito della cattura all'esercito di Bermont nel novembre 1919, nel gennaio 1920 *(https://vk.com/photo-67960505_457242441)*

▲ Treno blindato lettone n. 2 nel 1919, dopo il carro pianale è presente la piattaforma di artiglieria armata con un obice da 105 mm *(https://vk.com/photo-67960505_341599420)*

▼ Una squadra da sbarco del treno blindato n. 1 in posa davanti ai vagoni da trasporto *(https://vk.com/photo-67960505_456240885)*

▲ Treno blindato lettone n. 2 nel 1919 *(https://vk.com/photo-67960505_341599616)*

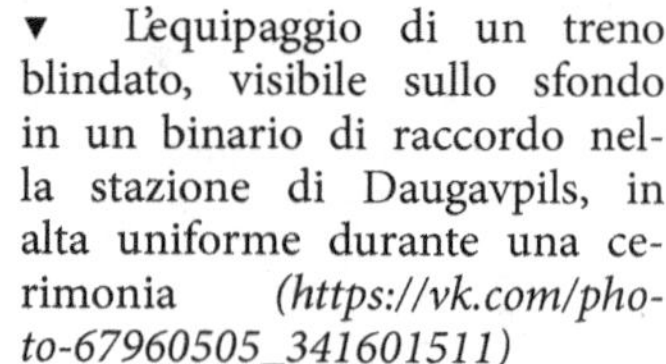

◄ Il treno blindato n. 5 *"Kalpaks"* a Liepaja nell'autunno del 1919 *(https://vk.com/photo-67960505_457242440)*

▼ L'equipaggio di un treno blindato, visibile sullo sfondo in un binario di raccordo nella stazione di Daugavpils, in alta uniforme durante una cerimonia *(https://vk.com/photo-67960505_341601511)*

▲ Un treno blindato in movimento presso Čiekurkalns, nell'area della capitale Riga, negli anni '30 *(https://vk.com/pho-to-67960505_341606048)*

▼ Un cannone navale Canet 152 mm 45 calibri, in servizio su una piattaforma ferroviaria dell'artiglieria costiera , fa fuoco durante un'esercitazione nella seconda metà degli anni '30 *(https://vk.com/photo-67960505_456240874)*

▲ Locomotiva e tender corazzato, con vagone trasporto truppa, di un treno blindato nei primi anni '30 *(https://vk.com/photo-67960505_456240840)*

▼ Vagone blindato appartenente al treno blindato n. 3 *(https://vk.com/photo-67960505_341601504)*

▲ Un cannone automatico Vickers QF 1 pounder da 37 mm installato su una piattaforma di artiglieria appartenente ad un treno blindato nel 1920, da notare la presenza di una donna in abiti civili tra i militari *(https://vk.com/photo-67960505_456240859)*

▼ Un cannone navale Canet 152 mm 45 calibri, in servizio su una piattaforma ferroviaria dell'artiglieria costiera, durante un'esercitazione a fuoco *(https://vk.com/photo-67960505_341607818)*

▲ Un treno blindato in attesa di partecipare alle esercitazioni di tiro nella stazione di Gulbene a metà anni '30 *(https://vk.com/photo-67960505_341606370)*

▼ Il Comandante della Bruņoto vilcienu divizions tenente colonnello Jānis Lavenieks, quarto da destra in prima fila, posa davanti ad un treno blindato in compagnia di altri ufficiali della Divisione nel maggio 1921 *(https://vk.com/photo-67960505_457242426)*

▲ Marinai della Royal Navy su una piattaforma ferroviaria con un cannone navale da 77 mm inglese del treno blindato Kalpaks nel novembre 1919 *(https://vk.com/photo-67960505_341600488)*

▼ Il treno blindato n. 1 in movimento nel 1930 *(https://spoki.lv/vesture/Latvijas-armijas-brunoto-vilcienu-pulks/741248)*

▲ Soldato in servizio nel treno blindato n. 3 nel 1930 (*https://vk.com/photo-67960505_456240852*)

▲ La locomotiva corazzata di un treno blindato con il suo equipaggio negli anni '30 *(https://vk.com/pho-to-67960505_456240838)*

▼ Distintivo da petto degli appartenenti al *Bruņoto vilcienu pulku* (Reggimento treno armato) *(https://web.archive.org/web/20190911191841/http://vesture.eu/Latvijas_armijas_Bruņoto_vilcienu_divizions)*

▲ Obice tedesco 10,5 cm leichte Feldhaubitze M. 16 in servizio su una piattaforma di artiglieria di un treno blindato nel 1920 (https://vk.com/photo-67960505_457242438)

▲ Cerimonia presso il Reggimento treni armati nel 1930, in primo piano la piattaforma di artiglieria armata con un cannone navale Canet da 152 mm *(https://m.facebook.com/photo.php?fbid=2779352095649669&id=1400450696873156&-set=a.1428661460718746&source=54)*

▼ Bandiera del Reggimento treni armati, fino al 1 luglio 1926 Divisione Treni Armati *(http://latvianmilitaryhistory.wordpress.lv/2012/10/01/latvijas-armijas-nacionalo-brunoto-speku-un-citi-karogi/)*

▲ Addetti al cannone di una piattaforma di artiglieria, presumibilmente appartenente al treno blindato n. 1, nella seconda metà degli anni '30 *(https://vk.com/photo-67960505_341603251)*

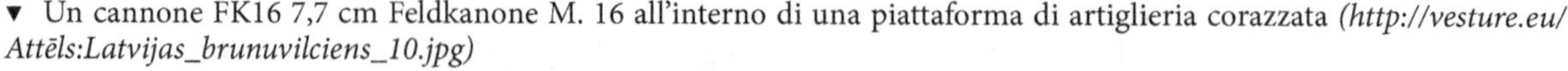

▼ Un cannone FK16 7,7 cm Feldkanone M. 16 all'interno di una piattaforma di artiglieria corazzata *(http://vesture.eu/ Attēls:Latvijas_brunuvilciens_10.jpg)*

▲ Le squadre da sbarco del treno blindato n. 3 in posa davanti ai vagoni mimetizzati con rami nei primi mesi del 1920 *(http://vesture.eu/Attēls:III_brunju_vilc.JPG)*

▼ Ufficiali del treno blindato n. 4 davanti ad una piattaforma di artiglieria nella seconda metà degli anni '30 *(https://vk.com/photo-67960505_341603749)*

▲ Marinai britannici e soldati lettoni in servizio sul treno blindato n. 5 *"Kalpaks"* a Liepaja nell'autunno del 1919 *(https:// militaryheritagetourism.info/en/military/stories/view/239?0)*

▼ Manifestazione presso il *Bruņoto vilcienu pulku* nei primi anni '30 *(https://vk.com/photo-67960505_341604824)*

TRENI BLINDATI DELLA LITUANIA

servizio fino al giugno 1944 con l'Armata Rossa, per poi essere smantellati.

Nonostante avesse dichiarato la sua indipendenza dalla Russia il 16 febbraio 1918, la Lituania rimase occupata dalle truppe tedesche fino a novembre 1918, quando iniziò il ritiro delle forze germaniche subito sostituite dalle truppe dell'Armata Rossa. Il neonato esercito lituano, *Lietuvos kariuomenės Sausumos pajėgos,* che poteva contare su poche centinaia di soldati e scarso armamento, solamente grazie al sostegno dei reparti tedeschi in ritirata riuscì a bloccare l'offensiva sovietica, anche se con 2/3 del paese, compresa la capitale di Vilnius, occupato dai bolscevichi.

Le difficoltà incontrate dall'esercito lituano appena costituito erano enormi, mancavano le armi, non solo cannoni e mitragliatrici pesanti, ma anche fucili, pistole e munizioni, oltre alla totale assenza di autoblindo, carri armati e treni armati.

Nel corso del 1919 una controffensiva scacciò i bolscevichi dalla Lituania, ma Vilnius venne conquistata dalla Polonia, che non volle cederla, per cui la nuova capitale provvisoria della Lituania divenne Kaunas. I contrasti con la Polonia si acuirono nella seconda metà del 1920, sfociando in un breve conflitto dove, per la prima volta, il *Lietuvos kariuomenės Sausumos pajėgos* utilizzò un treno blindato, mezzo già conosciuto perché utilizzato durante la Guerra d'Indipendenza dall'Armata Rossa.

In totale furono tre i treni blindati costruiti e utilizzati dal *Lietuvos kariuomenės Sausumos pajėgos,* anche se solo il primo partecipò alla guerra contro la Polonia nel 1920.

Treno blindato *"Gediminas"*

Il 18 gennaio 1920 iniziò la costruzione del primo treno blindato lituano presso l'officina ferroviaria nell'area della stazione di Kaunas, dove erano presenti depositi, attrezzature e infrastrutture adeguate ai lavori da effettuare per la costruzione del convoglio. La costruzione del treno blindato durò circa sette mesi, a causa della carenza di materiale e attrezzature, e solo il 25 agosto venne terminata. Al treno blindato venne assegnato il nome di *"Gediminas"*[15].

La locomotiva ricevette una blindatura, con lamiere recuperate e requisite presso alcune aziende metallurgiche, solo per la protezione delle ruote, della cabina di guida e di altre parti più a rischio; le piattaforme di artiglieria furono blindate solamente su parte dei lati, con lamiere dello spessore che variava dai 15 ai 20 mm; i cannoni inizialmente rimasero scoperti, solo successivamente ricevettero uno scudo spesso 16 mm; i carri mitragliatrice furono blindati con lamiere di ferro spesse 4 mm, creando una intercapedine di circa 20 – 30 mm che venne riempita di sabbia per aumentare la resistenza alla penetrazione delle pallottole.

Il treno blindato era composto da due parti: combattimento e servizi/trasporto personale e merci. La parte destinata al combattimento comprendeva tre piattaforme di artiglieria armate con 2 cannoni da 75 mm francesi, 2 cannoni da 77 mm e 2 obici da 105 mm tedeschi, e due carri blindati armati con un massimo di 16 mitragliatrici Maxim da 7,92 mm. La parte riservata al trasporto del personale e delle merci e ai servizi, detta anche di base, era costituita da numerose carrozze passeggeri, di provenienza russa e tedesca, di I/II classe per gli ufficiali, di III classe per i soldati, servizi igienici, studio, ufficio, locale corpo di guardia, cucina e mensa, ambulatorio, magazzini e officine per carri merci speciali, pianali per trasporto materiale ferroviario e accessori.

A fine agosto 1920 il treno blindato *"Gediminas"* era pronto ad entrare in servizio, per le sue

---

15 Secondo alcune fonti, parte del materiale rotabile utilizzato per la costruzione del treno blindato *"Gediminas"* proveniva dal treno blindato tedesco Panzer Zug n. 7, utilizzato dall'esercito tedesco durante la Prima Guerra Mondiale fino al 1918.

prime missioni era composto da:
- 1 locomotiva semi-blindata
- 3 piattaforme di artiglieria con 6 cannoni
- 2 carri mitragliatrice con 16 mitragliatrici "Maxim"
- 2 piattaforme
- 2 carrozze di III classe
- 11 tra pianali e carri merci per trasporto materiali e deposito

L'equipaggio del treno blindato era costituito da 8 ufficiali e 62 tra sottufficiali, graduati e soldati, provenienti da vari reggimenti di fanteria, artiglieria e genio. Il comando di *"Gediminas"* venne assegnato al tenente colonnello J. Kraucevicius.

Il 10 settembre 1920 il treno blindato *"Gediminas"* lasciò la sede di Ž. Fredos in direzione di Varėna, per operazioni lungo il tratto ferroviario Kaunas-Suwalki. Presso la stazione di Kaišiadorys Glž. una tubazione della locomotiva esplose allagando la caldaia. Il treno blindato dovette rientrare immediatamente a Kaunas dove la locomotiva semi-blindata guasta venne sostituita con una normale locomotiva a vapore.

Tra il 12 e il 18 settembre furono svolte esercitazioni di tiro con le artiglierie e le mitragliatrici presso il poligono di Varėna. Durante tali esercitazioni emersero i problemi legati alla disposizione delle artiglierie, infatti, a parte un cannone da 77 mm installato su supporto girevole, tutti gli altri cannoni e gli obici erano stati fissati rigidamente sulle piattaforme, in tal modo il brandeggio dei pezzi era limitato a pochi gradi per parte lungo l'asse di marcia. Anche le mitragliatrici non avevano supporti adatti, che dovettero essere costruiti sul momento.

Il 19 settembre *"Gediminas"* ricevette l'ordine di attraversare Alytus e dirigersi fino a Štokai, con il compito di esplorare il tratto ferroviario in direzione di Suwalki. Durante le quotidiane missioni di ricognizione, il 22, a pochi chilometri da Punsk nei pressi dei villaggi di Ožkinių e Šilainės, il treno blindato aprì il fuoco contro l'artiglieria polacca schierata nel villaggio di Smalėnai. Questo fu il battesimo del fuoco per *"Gediminas"*. Per impedire ai polacchi di avanzare sfruttando la ferrovia, il 23 settembre presso Veselava il personale del treno provvide a smantellare alcuni tratti di binario. Mentre erano intenti ad effettuare tale operazione, il treno blindato dovette sventare un attacco polacco. Il 24 settembre *"Gediminas"* rientrò a Varėna, dove venne assegnato al 7° Reggimento di fanteria *Duca di Samogizia Butegeidis*.

Con il compito di effettuare una ricognizione in direzione di Grodno, il 25 settembre partì da Varėna, ma dopo soli 12 chilometri dovette fermarsi a causa del ponte sul fiume Ūla sabotato dai polacchi. Dopo aver riparato provvisoriamente il ponte con i mezzi a disposizione e con il suo personale, proseguì il tragitto avvicinandosi al villaggio di Marcinkonys, dove il nemico lo aspettava disponendo di artiglieria e numerosi reparti. Dopo un lungo scambio di colpi di artiglieria, preso atto della dimensione delle forze avversarie, *"Gediminas"* indietreggiò ritornando alla base di Varėna. Il giorno successivo venne nuovamente effettuata la ricognizione verso Grodno, ma anche questa volta dovette essere interrotta perché il ponte sul fiume Ūla risultò nuovamente sabotato dai polacchi.

I polacchi lanciarono un'offensiva il 29 settembre per conquistare i villaggi di Mančiagirė e Zervinai. Il treno blindato *"Gediminas"*, insieme ad una compagnia di fanteria, il 30 intervenne con il fuoco dei suoi pezzi contro le posizioni nemiche nel villaggio di Zervinai che, il 1° ottobre venne riconquistato, mentre il villaggio di Mančiagirė rimase in mano polacca. Anche il 2 ottobre si svolsero ulteriori combattimenti per il possesso di Zervinai, che però, grazie al supporto dato alla fanteria da *"Gediminas"*, rimase in mano lituana.

L'offensiva polacca continuò anche il 3 ottobre, quando iniziò l'attacco lungo la ferrovia in direzione di Varėna che costrinse alcuni reparti lituani a ritirarsi. Preso atto della situazione, il comandante di *"Gediminas"* decise di ritirare il treno presso la stazione di Valkininkai per ragioni di sicurezza, ma ricevette l'ordine di pernottare presso la stazione di Varėna. Solamente 2 piattaforme di artiglieria e alcuni vagoni poterono raggiungere la stazione di Valkininkai.

I reparti polacchi circondarono la stazione di Varėna e iniziarono un nutrito fuoco con fucili e mitragliatrici contro il treno blindato che, senza l'appoggio della fanteria che si era già ritirata, riuscì con difficoltà a lasciare la stazione. Il tragitto percorso fu molto breve, dopo neanche un chilometro venne trovato uno scambio bloccato da un carro merci carico di tronchi, spostato in quel punto da ferrovieri solidali con i polacchi, che impedì al treno blindato di proseguire la ritirata. Verificata la situazione, il comandante di *"Gediminas"* diede ordine all'equipaggio di danneggiare i cannoni, le mitragliatrici e quindi di abbandonare il treno. L'ordine di abbandonare il treno non venne però trasmesso ad un carro mitragliatrice al comando del tenente A. Vileniškis, che continuò quindi il fuoco contro le truppe polacche fino alla sera, quando con i suoi uomini riuscì a sottrarsi alla cattura.

Alla sera del 3 ottobre una parte del treno blindato *"Gediminas"* andò quindi perduta. Il materiale catturato dal 205° Reggimento di fanteria polacca fu il seguente: 1 locomotiva a vapore semi-blindata, 1 piattaforma di artiglieria, 2 carri mitragliatrice, 1 carro merci con materiale e attrezzature ferroviarie[16]. L'armamento perduto consisteva in: 2 cannoni da 77 mm, 16 mitragliatrici, 7 fucili, 12.000 proiettili, 4 telefoni e 5 km di cavo telefonico.

Presso la stazione di Valkininkai il 4 ottobre si riunì l'intero equipaggio di *"Gediminas"* che, dopo aver ricevuto una normale locomotiva a vapore, ricompose il convoglio con le vetture rimaste: 2 piattaforme di artiglieria e alcuni vagoni. Lo stesso giorno sostenne l'azione della fanteria nella difesa di Valkininkai, quindi si trasferì a Rūdiškės, dove presidiò la stazione ferroviaria il 5 e il 6, per poi spostarsi a presidio del ponte sul fiume Vokė e quindi alla stazione di Lentvaris. L'8 ottobre venne inviato a Vilnius a protezione della linea ferroviaria Vilnius-Lida ma, alla sera, a seguito della ritirata dell'esercito lituano, dopo aver protetto il ponte sul fiume Vokė raggiunse Lentvaris.

Il 10 ottobre le parti del treno blindato rimaste in servizio raggiunsero Kaunas e furono consegnate all'officina ferroviaria che dovevano procedere alla ricostruzione del nuovo convoglio.

Presso l'officina ferroviaria vennero costruti due nuovi carri mitragliatrici, una piattaforma di artiglieria e venne blindata una locomotiva a vapore. Il 20 novembre il nuovo treno blindato era pronto. Poichè il materiale catturato dai polacchi era solo una parte dell'originale treno blindato, anche questo rinnovato convoglio venne denominato *"Gediminas"*. Il tenente colonnello Kraucevičius venne confermato al comando del treno blindato, il capitano Petras Gudelis fu nominato vice comandante.

Lo stesso giorno giunse l'ordine di recarsi a Jonava per presidiare i ponti sul fiume Neris. Il treno, in partenza da Kaunas, era composto da:

- 1 locomotiva semi-blindata
- 2 piattaforme di artiglieria
- 2 carri mitragliatrici
- 1 vagone

L'armamento consisteva in 2 cannoni da 75 mm, 2 obici da 105 mm e 10 mitragliatrici.

Il 21 novembre nuovo trasferimento a Kėdainiai e il giorno successivo effettuò tiri di artiglieria contro reparti polacchi nei pressi dei villaggi di Giedraičiai e di Apytalaukė. Il 25 novembre, assolto con pieno successo gli ordini ricevuti, il treno blindato *"Gediminas"* rientrò a Kaunas.

A partire dal 25 novembre 1920 fino a marzo 1921 il treno blindato *"Gediminas"* rimase a Kaunas presso l'Officina ferroviaria. Durante quel periodo furono completate 2 locomotive a vapore

---

16 Con il materiale del treno blindato *"Gediminas"* catturato il 3 ottobre 1920, 1 locomotiva semi-blindata, 2 carri mitragliatrici, 1 piattaforma di artiglieria, i polacchi formarono un loro treno blindato chiamandolo *"Jan Kilinski"*.

semi-blindate, vennero installati 2 nuovi cannoni da 57 mm su una piattaforma di artiglieria, tutti i cannoni e gli obici ricevettero delle scudature di protezione, vennero costruiti dei nuovi depositi di munizioni blindati e i vagoni per l'equipaggio furono migliorati.

Dall'entrata in servizio fino ai primi di luglio del 1921 *"Gediminas"*, l'unico treno blindato lituano operativo, dipese direttamente dal Capo di Stato Maggiore Generale.

Šarvuotųjų traukinių pulkas

Il 1° agosto 1921 venne costituito il *Šarvuotųjų traukinių pulkas* (Reggimento di treni corazzati), riunendo sotto un unico comando il *"Gediminas"* e gli altri due treni blindati entrati nel frattempo in servizio.

Il *Šarvuotųjų traukinių pulkas* era composto da:
- Quartier Generale
- Treno blindato *"Gediminas"*
  - 1 locomotiva blindata
  - 1 piattaforma di artiglieria blindata armata con 2 cannoni francesi da 75 mm
  - 1 piattaforma di artiglieria blindata armata con 2 cannoni tedeschi da 57 mm[17] e 5 mitragliatrici Maxim 08
  - 1 vagone blindato armato con 4 mitragliatrici Maxim 08
- Treno blindato *"Kęstutis"*[18] - costruito nel 1921 era costituito da:
  - 1 locomotiva blindata
  - 1 piattaforma di artiglieria blindata armata con 2 cannoni tedeschi 7,7 cm Feldkanone M. 96 neuer Art
  - 1 carro blindato armato con 2 cannoni tedeschi da 57 mm[(17)]
  - 1 vagone blindato armato con 4 mitragliatrici Maxim 08
- Treno blindato *"Algirdas"* - costruito nel 1921 era costituito da:
  - 1 locomotiva blindata
  - piattaforma di artiglieria blindata armata con 2 obici tedeschi 10,5 cm Feldhaubitze 98/09 mm e 2 mitragliatrici Maxim 08

Per completare i treni erano a disposizione numerosi vagoni, carrozze passeggeri e carri pianale, che venivano aggiungi nel momento dell'attivazione del convoglio secondo le necessità operative.

Il Comando del Reggimento venne assegnato al tenente colonnello J. Kraucevicius, mentre il comando del 1° treno blindato *"Gediminas"* fu affidato al capitano Petrui Gudeliui, quello del 2° treno blindato *"Kęstutis"* al tenente Antanui Sidabrui e quello del 3° treno blindato *"Algirdas"* al tenente Juozui Toliušiui. L'organico del Reggimento era di: 21 ufficiali, 1 allievo ufficiale, 182 tra sottufficiali, graduati e soldati. In tutta la sua esistenza il Reggimento ha sempre avuto un organico variabile tra i 100 e i 150 tra sottufficiali, graduati e soldati.

Il *Šarvuotųjų traukinių pulkas* rispondeva direttamente al Comandante dell'artiglieria del *Lietuvos kariuomenės Sausumos pajėgos*.

Mentre procedeva la riorganizzazione della struttura gerarchica del Reggimento, proseguiva l'opera di revisione, riparazione o sostituzione del materiale rotabile reduce dalla Guerra d'Indipendenza, con attrezzature ottenute dall'Ente Ferroviario. Il treno blindato era sostanzialmente

---

17 Si tratta del cannone 5,7 cm Schnellfeuerkanone L/25, sviluppato da Hermann Gruson per armare le torrette corazzate da lui create per essere impiegate nelle fortificazioni, anche se non è escluso che invece del cannone tedesco si tratti del cannone inglese QF 6 pounder 8 cwt da 57 mm, questo perché sulle fonti consultate la reale provenienza del cannone è dubbia.

18 Il nominativo del treno blindato *"Kęstutis"* sulla locomotiva e sui vagoni è scritto *"Keistutis"*.

composto da due parti: la parte con il materiale dedicato al combattimento e quella dedicata al trasporto e ricovero dell'equipaggio e dei materiali. Nella parte prettamente operativa erano presenti le locomotive tedesche blindate acquisite durante la Guerra, le piattaforme di artiglieria a due assi e quattro assi, i carri blindati dotati di mitragliatrici. Nella parte dedicata al trasporto e ai servizi erano presenti vagoni passeggeri di I, II, III e IV classe, di provenienza russa o tedesca, destinati al trasporto di ufficiali, sottufficiali e soldati, una dozzina di carri a quattro assi, numerosi carri a due assi destinati al trasporto di materiale rotabile e attrezzature per la riparazione delle interruzioni sulle linee ferroviarie. I carri merci destinati al trasporto del materiale venivano posizionati alle due estremità del convoglio, in modo che, nel caso di un sabotaggio con esplosivo posto sotto i binari, le piattaforme armate non fossero coinvolte nell'esplosione e riportare danni.

Poichè i treni blindati potevano essere costituiti in base alle necessità operative del momento, era possibile assemblare treni blindati leggeri, armati solo con mitragliatrici, pesanti con cannoni, obici e mitragliatrici, oppure intermedi, adeguando il convoglio di volta in volta all'azione militare che li doveva vedere coinvolti.

Battaglione treni blindati

Il 1° gennaio 1924 il *Šarvuotųjų traukinių pulkas*, dopo solo due anni e cinque mesi, venne sciolto. Il treno blindato *"Algirdas"* venne smantellato, con parte dell'equipaggio e del materiale accantonato in deposito, e parte suddiviso tra i due restanti treni blindati operativi. In sostituzione del *Šarvuotųjų traukinių pulkas* fu costituito un Battaglione di treni blindati, all'interno del quale confluirono i treni blindati *"Gediminas"* e *"Kęstutis"*. Al comando del Battaglione venne confermato il tenente colonnello J. Kraucevičius, che però, ad interim, assunse anche il comando della *Šarvuočių rinktinės* (Squadra corazzata). In assenza del tenente colonnello Kraucevičius il comando del Battaglione veniva assunto dal capitano J. Musteikis.

L'organico del Battaglione era composto da: 11 ufficiali, 2 allievi ufficiali e 89 tra sottufficiali, graduati e soldati. La sede del Battaglione era presso la fortezza di Kaunas, con i treni blindati schierati presso la stazione ferroviaria di Freda. Nel 1925 il Battaglione venne trasferito temporaneamente presso il nodo ferroviario di maggiore importanza della Lituania: Radviliškis, che nel 1927 divenne la sede definitiva.

La sede di Radviliškis, dopo pochi mesi di utilizzo, non venne però considerata funzionale, per cui venne presa in considerazione l'idea di ritornare a Kaunas o trasferirsi a Kėdainiai, presso il deposito ferroviario che aveva ospitato il disciolto 2° Reggimento Artiglieria.

Compagnia treno blindato *"Gediminas"*

Il 19 settembre 1927 il Battaglione di treni blindati venne sciolto, il treno blindato *"Kęstutis"* smantellato e il treno blindato *"Gediminas"* venne riorganizzato a livello di compagnia.

L'equipaggio, il materiale rotabile e l'armamento del treno blindato *"Kęstutis"* vennero suddivisi tra il treno blindato *"Gediminas"*, il 2° Reggimento Artiglieria e l'Ente Ferroviario. L'organico della compagnia *"Gediminas"* dopo la riorganizzazione era di: 5 ufficiali, 1 allievo, 5 sottufficiali e 41 tra graduati e soldati. Nel periodo tra il 1927 e il 1933 il comando del treno blindato fu ricoperto dal capitano Kazys Abaras (Abaravičius).

Il treno blindato *"Gediminas"* dal 1927 era composto da:
* 2 locomotive blindate *"Gediminas"* e *"Kęstutis"*
* 4 piattaforme di artiglieria
* 2 carri deposito proiettili

- 2 piattaforme di controllo
- 1 carro merci centrale elettrica dotato di proiettore
- 1 carro cucina
- Varie carrozze passeggeri di I-II, III e IV classe
- 1 vagone per la guardia armata
- 1 vagone ambulatorio
- *Diversi carri merci per materiali di artiglieria, genio, cibo, legna da ardere e carbone, materiali vari*

L'armamento consisteva in cannoni da 75 mm francesi e da 77 mm tedeschi, mentre le mitragliatrici erano tedesche.

Nell'esercito lituano i treni blindati vennero utilizzati in compiti di ricognizione armata, supporto alla fanteria, difesa delle installazioni strategiche e militari, deposito provvisorio di materiale vario in preparazione di azioni. In tempo di pace parteciparono a manovre a fuoco, esercitazioni in collaborazioni con altre armi e furono sottoposti ad un severo addestramento. I vantaggi dell'utilizzo dei treni blindati, secondo il *Lietuvos kariuomenės Sausumos pajėgos,* erano principalmente indicati nella potenza del fuoco, nella manovrabilità, nella relativa semplice gestione tecnica. Gli svantaggi vennero evidenziati nell'oneroso funzionamento, nella totale dipendenza dalla rete ferroviaria, nelle limitate possibilità di effettuare operazioni notturne e invernali, oltre ad essere solo parzialmente corazzato, avere un settore di tiro limitato, un equipaggiamento complesso e la totale mancanza di sistemi di comunicazione efficienti.

Nel corso del 1933 il comando del treno blindato *"Gediminas"* venne assegnato al capitano A. Zubavičius, ultimo comandante del convoglio.

Il 1° agosto 1935, in ottemperanza a quanto stabilito dall'ordine segreto del *Lietuvos kariuomenės Sausumos pajėgos,* venne sciolta la Compagnia treni blindati *"Gediminas".* Operativamente lo scioglimento avvenne il 14 agosto 1935. Le locomotive del treno e alcuni carri furono consegnati al Ministero dei Trasporti, le armi al Reggimento di artiglieria, altri materiali rotabili e attrezzature, compresi quelli appartenenti al 2° Battaglione Genio Ferroviario, furono alienati attraverso un'azienda che cedeva il materiale militare inventariato a officine edili locali e a officine mobili.

Nel 1940, a seguito dell'invasione della Lituania da parte delle truppe sovietiche, tutti i materiali appartenenti ai treni blindati furono requisiti dall'Armata Rossa, anche se non si sa se furono riuti-

▲ L'equipaggio del *šarvúotasis traukinỹs*-treno armato *"GEDIMINAS"* fotografato davanti alla locomotiva nel 1921 *(da: "LIETUVOS KARIUOMENĖS šarvuotieji traukiniai 1920–1940 m." op. cit. In bibliografia)*

▼ Alti ufficiali ispezionano la piattaforma di artiglieria n. 3, appartenente al treno blindato *"GEDIMINAS"*, armata di due cannoni tedeschi FK16 7,7 cm Feldkanone M.16 nel 1922 *(http://arecibo-camo.blogspot.com/2010/04/lt-ginkluote-sarvuoti-traukiniai.html)*

▲ L'equipaggio della piattaforma di artiglieria n. 3, appartenente al treno blindato *"GEDIMINAS"*, armata di due cannoni tedeschi FK16 7,7 cm Feldkanone M.16 dotati di corazzatura nei primi anni '30 *(http://arecibo-camo.blogspot. com/2010/04/lt-ginkluote-sarvuoti-traukiniai.html)*

▼ L'equipaggio della piattaforma di artiglieria n. 1, appartenente al treno blindato *"GEDIMINAS"*,a Radviliškis nel 1933 *(http://arecibo-camo.blogspot.com/2010/04/lt-ginkluote-sarvuoti-traukiniai.html)*

▲ La locomotiva semi corazzata del treno blindato *“GEDIMINAS”* nel 1932 *(http://arecibo-camo.blogspot.com/2010/04/ lt-ginkluote-sarvuoti-traukiniai.html)*

▼ L'equipaggio del treno blindato *“GEDIMINAS”* fotografato davanti alle piattaforme, si notano due mitragliatrici Maxim che sporgono dalle piattaforme blindate negli anni '30 *(http://arecibo-camo.blogspot.com/2010/04/lt-ginkluote-sarvuo-ti-traukiniai.html)*

▲ L'equipaggio della piattaforma di artiglieria n. 1, appartenente al treno blindato *"GEDIMINAS"*, durante l'addestramento con il cannone tedesco FK16 7,7 cm Feldkanone M.16 nel 1921. Il primo militare a sinistra è il tenente A. Silver, comandante della piattaforma di artiglieria *(da: "LIETUVOS KARIUOMENĖS šarvuotieji traukiniai 1920–1940 m ." op. cit. In bibliografia)*

▼ Addestramento al fuoco con il cannone tedesco FK16 7,7 cm Feldkanone M.16 su una piattaforma di artiglieria di un treno blindato negli anni '20 *(http://arecibo-camo.blogspot.com/2010/04/lt-ginkluote-sarvuoti-traukiniai.html)*

▲ Personale delle officine ferroviarie di Kaunas posa davanti al treno blindato *"GEDIMINAS"* nel 1921, sulla prima piattaforma di artiglieria è posizionato un'obice FH 98/09 10,5 cm Feldhaubitze 98/09 tedesco *(da: "LIETUVOS KARIUO-MENĖS šarvuotieji traukiniai 1920–1940 m ." op. cit. In bibliografia)*

▼ L'equipaggio del treno blindato *"GEDIMINAS"* impegnato nel rifornimento del treno blindato *"KESTUTIS"* nei primi anni '30 *(da: "LIETUVOS KARIUOMENĖS šarvuotieji traukiniai 1920–1940 m ." op. cit. In bibliografia)*

▲ Il quartier generale del reggimento treni corazzati, seduto sul fondo a destra il colonnello J. Kraucevičius comandante del reggimento, 1922 *(da: LIETUVOS KARIUOMENĖS ŠARVUOTIEJI TRAUKINIAI 1920–1935 M.-op. cit. in bibliografia)*

▼ Le due piattaforme di artiglieria del treno blindato *"GEDIMINAS"* armate con canoni tedeschi FK16 7,7 cm Feldkanone M. 16 e con obici tedeschi 10,5 cm leichte Feldhaubitze M. 16 *(da: LIETUVOS KARIUOMENĖS ŠARVUOTIEJI TRAUKINIAI 1920–1935 M.-op. cit. in bibliografia)*

▲ Il colonnello Jonas Kraucevičius, comandante del Reggimento Treni Corazzati *(https://www.limis.lt/paieska/perziura// exhibit/preview/4954907s_id=688sB8ZqLyq2Q65p&s_ind=12&valuable_type=EKSPONATAS)*

▲ La locomotiva semi corazzata del treno blindato *"KESTUTIS"* (*http://arecibo-camo.blogspot.com/2010/04/lt-ginkluo-te-sarvuoti-traukiniai.html*)

▲ Lo Stato Maggiore dell'esercito lituano durante una ispezione alla piattaforma di artiglieria del treno blindato *"KESTU-TIS"* nel 1922 *(da: "LIETUVOS KARIUOMENĖS šarvuotieji traukiniai 1920–1940 m ." op. cit. In bibliografia)*

▼ Il colonnello Jonas Kraucevičius, secondo da sinistra, comandante del Reggimento Treni Corazzati, in ricognizione con altri ufficiali nel 1922 su una piccola vettura a motore *(da: LIETUVOS KARIUOMENĖS ŠARVUOTIEJI TRAUKINIAI 1920–1935 M.-op. cit. in bibliografia)*

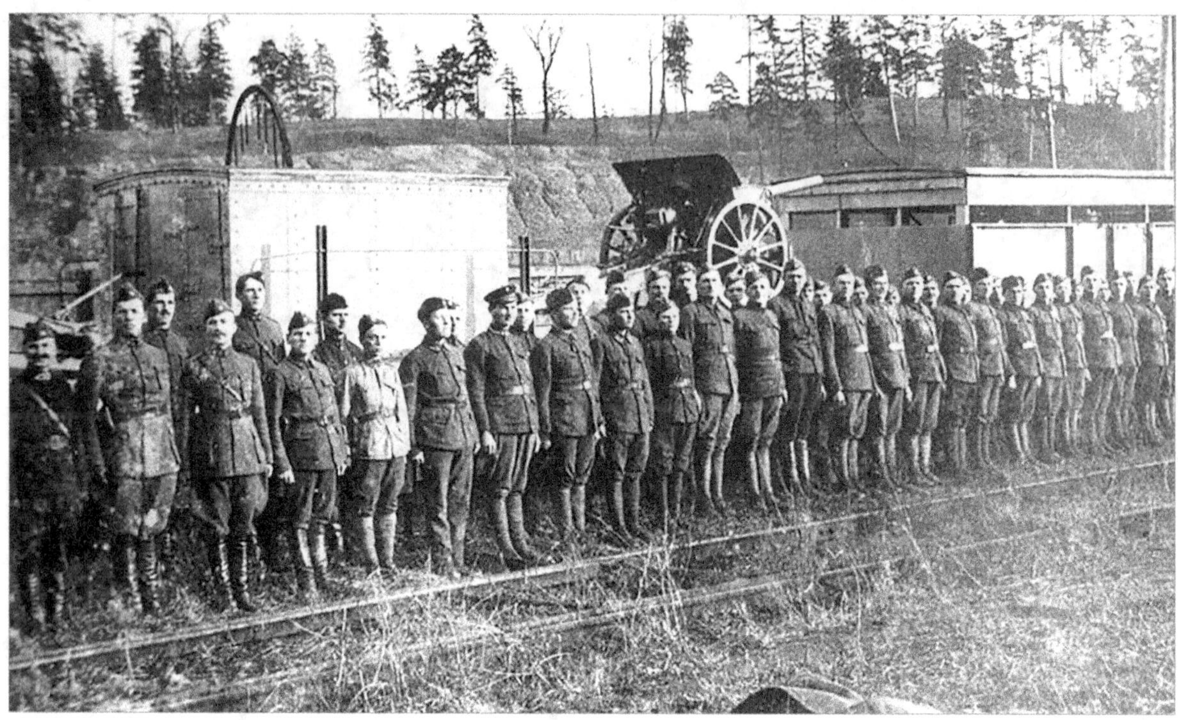

▲ L'equipaggio del treno blindato *"GEDIMINAS"* schierato davanti a una piattaforma di artiglieria e ad un vagone mitragliatrici *(https://www.facebook.com/senosfotografijos/photos/%C5%A1arvuotas-lietuvos-kariuomen%C4%97s-traukinys-gediminas/10152129135936976)*

▼ Locomotiva semi corazzata e piattaforma di artiglieria del treno blindato *"ALGIRDAS"* durante una fase dell'addestramento nel 1921 *(https://www.facebook.com/senosfotografijos/photos/lietuvos-kariuomen%C4%97s-%C5%A1arvuotas-traukinys-algirdas-ir-jo-%C4%AFgula-1921-m/10153327519736976/)*

▲ Locomotiva semi corazzata, vagone mitragliatrici n. 6 e piattaforma di artiglieria con cannone tedesco FK16 7,7 cm Feldkanone M. 16 del treno blindato *"GEDIMINAS"* nel 1920 *(da: "LIETUVOS KARIUOMENĖS šarvuotieji traukiniai 1920–1940 m ." op. cit. In bibliografia)*

▼ Piattaforma di artiglieria n. 1 del treno blindato *"GEDIMINAS"* con il suo equipaggio durante una cerimonia negli anni '30 a Kaunas *(https://www.limis.lt/paieska/perziura/-/exhibit/preview/429680447?s_id=sO4XUvOfAnMddrLJ&s_ind=10919&valuable_type=EKSPONATAS)*

▲ Pianali ferroviari e piattaforma di artiglieria del treno blindato *"GEDIMINAS"* nel 1920 (*https://www.facebook.com/ senosfotografijos/photos/%C5%A1arvuotas-lietuvos-kariuomen%C4%97s-traukinys-gediminas/10152133162171976*)

▼ Un soldato osserva il modello del treno blindato *"GEDIMINAS"* esposto in una sala della caserma sede del Reggimento Treni Corazzati (*https://www.facebook.com/senosfotografijos/photos/lietuvos-kariuomen%C4%97s-%C5%A1arvuotas-traukinys-algirdas-ir-jo-%C4%AFgula-1921-m/10153276152586976*)

▲ Ufficiali e parte dell'equipaggio del treno blindato *"KESTUTIS"* posa davanti alla locomotiva semi corazzata *(da: LIE-TUVOS KARIUOMENĖS ŠARVUOTIEJI TRAUKINIAI 1920–1935 M.-op. cit. in bibliografia)*

▼ L' equipaggio della locomotiva a vapore N. 673 del treno blindato *"GEDIMINAS"* nell'area di Freda Basso a Kaunas tra il 1920 e il 1921 *(https://www.facebook.com/senosfotografijos/photos/sarvuotas-lietuvos-kariuomenès-traukinys-gedim-inas/10158351384446976)*

▲ I treni blindati *"ALGIRDAS"* e *"KESTUTIS"* in sosta sui binari presso la caserma di Žemoji Freda a Kaunas nei primi anni '20 *(da: "LIETUVOS KARIUOMENĖS šarvuotieji traukiniai 1920–1940 m ." op. cit. In bibliografia)*

▼ Piattaforma di artiglieria e vagone mitragliatrici appartenenti al treno blindato *"GEDIMINAS"* con parte dell'equipaggio *(https://www.limis.lt/paieska/perziura/-/exhibit/preview/318805463?s_id=IDp9fyFnRzMm1jYD&s_ind=2287&valuable_type=EKSPONATAS)*

▲ Le due piattaforme di artiglieria appartenenti al treno blindato *"GEDIMINAS"*, da notare sulla piattaforma n. 3 la torretta girevole dotata di mitragliatrice sul tetto della casamatta blindata *(https://m.facebook.com/Gelezinkeliu.muziejus/ photos?psm=default&album)*

▼ Le locomotive dei treni blindati *"KESTUTIS" e "ALGIRDAS"* in deposito a Kaunas nel 1921 *(da: LIETUVOS KARIUO-MENĖS ŠARVUOTIEJI TRAUKINIAI 1920–1935 M.-op. cit. in bibliografia)*

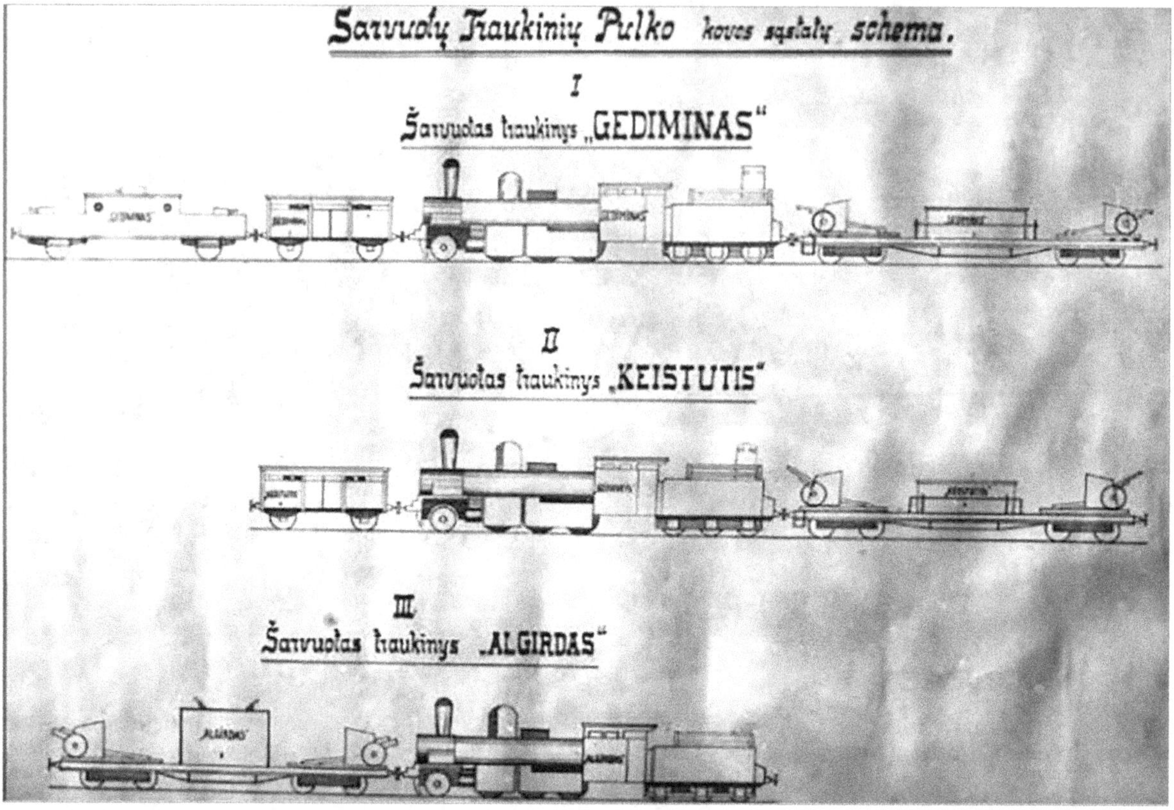

▲ Lo schema della parte operativa dei treni blindati appartenenti al Šarvuotųjų traukinių pulkas disegnato dal ltn. Sidabras *(da: LIETUVOS KARIUOMENĖS ŠARVUOTIEJI TRAUKINIAI 1920–1935 M.-op. cit. in bibliografia)*

▼ Soldati al lavoro nel carro officina di un treno blindato lituano *(da: LIETUVOS KARIUOMENĖS ŠARVUOTIEJI TRAU-KINIAI 1920–1935 M.-op. cit. in bibliografia)*

▲ Vagoni passeggeri del treno blindato *"GEDIMINAS"* agganciati dietro ad una piattaforma di artiglieria *(https://m.face-book.com/Gelezinkeliu.muziejus/photos?psm=default&album)*

▼ Treno blindato delle forze armate lituane 1920-1935 - Museo della Grande Guerra Vytautas

BIBLIOGRAFIA

lizzati o demoliti.

Libri e riviste

- Vytauto Didžiojo karo muziejus "Lietuvos Kariuomenés šarvuotieji traukiniai 1920–1940", Centro di cartografia militare delle forze armate lituane, 2016.
- Vytauto Didžiojo karo muziejus, "Vytauto didžiojo karo muziejus 2018 metais Almanachas", Centro di cartografia militare delle forze armate lituane, 2019.
- Vytauto Didžiojo karo muziejus, "Lietuvos kariuomenė laikinojoje sostinėje 1919–1940", Centro di cartografia militare delle forze armate lituane, 2020.
- Viljandi Muuseum, "Eesti iseseisvuse sünd", 2008.
- Estonian War Museum, "Estonian War of Independence 1918-1920 Estonia's Allies", 2019.
- "Lithuanian Military Digest", n° 5, maggio 2021.
- "Vabadussõja tähist", n°1 gennaio 1937.
- "Militārais apskats" n° 3 – 4 2009.
- Stoliarovas A, "Kariuomenés šarvuotieji traukiniai 1920 – 1935".

Siti internet

- www.foto-history.livejournal.com
- https://strangernn.livejournal.com
- https://kv-bear.livejournal.com
- http://nelsonlambert.blogspot.com/2012/06/estonian-armour-1919.html
- http://estonia-paradise-of-the-north.blogspot.com
- https://issuu.com
- http://eag.vanatehnika.ee/ewarmee.html
- www.militaar.net
- https://www.ra.ee/fotis
- https://ajapaik.ee/photo/106443/soomusrugemendi-mehed-koos-soomusautodega/
- http://www.kool.ee
- https://www.tapamuuseum.ee/ajalugu/soomusrongirugement
- http://latviansmilhistory.blogspot.com/2009_10_24_archive.html
- https://www.la.lv/foto-militaras-parades
- https://www.zudusilatvija.lv
- https://www.sargs.lv/lv/latvijas-neatkaribas-kars
- https://vesture.eu/Latvijas_armijas_Tanku_divizions
- https://www.plienosparnai.lt/e107_plugins/forum
- https://laikas.tv3.lt/lt/info/8647/lietuvos-sarvuociu-rinktine-arba-sarunai-drasuciai-galiunai-ir-pagiezos
- https://picturehistory.livejournal.com
- https://it.knowledgr.com/07331036/EsercitoLituano(1922)
- http://arecibo-camo.blogspot.com/2010/04/lt-ginkluote-sarvuoti-traukiniai.html

SOLDIERSHOP
PUBLISHING
BOOKS TO COLLECT